Die Heeresversuchssstelle Kummersdorf

Wolfgang Fleischer

Der Bahnhof Schießplatz Kummersdorf um die Jahrhundertwende. Ursprünglich als Endbahnhof gedacht, enthielt er alles, was zur Personen- und Güterabfertigung sowie zur Versorgung der Lokomitiven erforderlich war. Um einzelne Fahrzeuge und Lasten nach dem eigentlichen Schießplatz überführen zu können, wurde ein Verbindungsgleis angelegt.

Sämtliche Luftaufnahmen wurden freundlicherweise von der LUFT-BILD-DATENBANK Ing. Büro H.G. Carls
97082 Würzburg, Saalgasse 3 & 5, Tel. 0931-450 1100, Fax 0931-450 11031
zur Verfügung gestellt.

beim PODZUN-PALLAS-VERLAG GmbH,
Kohlhäuserstraße 8, 61200 Wölfersheim-Berstadt
Telefon 06036/9436, Fax 06036/6270

Verantwortlich für den Inhalt ist der Autor.

Satz: PODZUN-PALLAS-Verlag GmbH.
Technische Herstellung:
Freiburger Graphische Betriebe, 79108 Freiburg.

ISBN: 3-7909-0556-9

Bildnachweis

Anderson (2), BA (9), Behnisch (18), Behrend (1), Bürgervereinigung Kummersdorf-Gut (9), Brachmüller (8), Carls (5), Eiermann (3), Fabry (1), Fleischer (161), Geissen (2), Klär (25), Lübeck (4), MHM (15), Thiede (37), Wilhelm (1), Wohlauf (14);

Wolfgang Fleischer

Die Heeresversuchsstelle Kummersdorf

Maus, Tiger, Panther, Luchs, Raketen und andere Waffen der Wehrmacht bei der Erprobung

PODZUN-PALLAS

Karte vom Schießplatz Kummersdorf. Um 1910.

INHALT

Die Kraftfahrtruppe ließ sich zu Beginn unseres Jahrhunderts nicht mit der Militäreisenbahn vergleichen. Trotzdem berührten die Fahrzeuge der Versuchsabteilung auf ihren zahlreichen Erprobungsfahrten immer wieder das Gelände des Kummersdorfer Schießplatzes. Im Bild die Zugmaschine eines Straßengüterzuges der W. A. Th. Müller-Straßengütergesellschaft.

Zum Geleit

Die Gemeinde Kummersdorf-Gut ging als Ergebnis vielfältiger Auswirkungen der industriellen Revolution auf das Militärwesen im damals neugegründeten Deutschen Reich in die Geschichte als »Schießplatz Kummersdorf« ein. Nach über 70jähriger Nutzung als Schießplatz vereinnahmten nach dem Ende des Zweiten Weltkrieges sowjetische Besatzungstruppen den größten Teil des Areals und bauten es zum Übungsgelände für ihre Transporttechnik erheblich um und aus. Für die Geschichte der Gemeinde bedeutend: Erst mit dem Abzug der Truppen der GUS 1994 aus Deutschland ging die mehr als hundertjährige militärische Nutzung des größten Teils des Gemeindegebietes zu Ende. Diesen Zeitraum gilt es geschichtlich aufzuarbeiten. Die Geschichte Kummersdorfs wird mit dem vorliegenden Buch nicht neu geschrieben. Sie wird vielmehr aufgehellt und dem Leser nahe gebracht. Die Einwohner der Gemeinde Kummersdorf-Gut können sich nun mit der Geschichte ihres Ortes befassen und auch auseinandersetzen. Das blieb den meisten aufgrund der besonderen Geheimhaltung zu Zeiten des Militärs aber auch wegen der besonderen politischen Verhältnisse in der ehemaligen DDR - die die Geschichte um Kummersdorf-Gut weitgehend negierten - verwehrt. Umso erfreulicher, daß es heute möglich ist und daß es Menschen gibt, die mithelfen, Kummersdorf-Gut über seine Gemeindegrenzen hinaus bekannt zu machen.

Uwe Kaim
Vorsitzender der Bürgervereinigung
Kummersdorf-Gut e. V.
Kummersorf-Gut, im März 1995

Vorwort

Wer vermutet schon, daß sich in der scheinbar unberührten Landschaft, die südlich von Zossen, im Umfeld der Gemeinden Horstwalde, Kummersdorf-Gut und Sperenberg liegt, eine der größten Erprobungsstellen für die Bewaffnung und Ausrüstung der deutschen Streitkräfte zwischen 1875 und 1945 lag? Geländegestaltung, Bebauung und Besiedlung sind durch diese Tatsache nachhaltig beeinflußt worden. In den 70er Jahren des vergangenen Jahrhunderts hatte man hier begonnen, wesentlich beeinflußt durch die vielfältigen Auswirkungen der industriellen Revolution auf das Militärwesen im neugegründeten Deutschen Reich, Schießplatz Kummersdorf für die Artillerieprüfungskommission aufzubauen. Nicht zuletzt die räumliche Nähe zu Berlin, dem politischen- und Verwaltungszentrum Deutschlands, förderte im Verlaufe einer über 70jährigen Geschichte die Entwicklung vom Artillerieschießplatz- zur Heeresversuchsstelle Kummersdorf. Der Name Kummersdorf ist untrennbar mit zahlreichen militärtechnischen Entwicklungen verbunden. Hier war gewissermaßen die Wiege der modernen Artillerie des deutschen Heeres im ausgehenden 19. Jahrhundert. Artillerie und Festungsbau, zerstörende Wirkung auf der einen und Schutzwirkung auf der anderen Seite erfuhren hier wesentliche Impulse. In Kummersdorf warfen Luftschiffe erstmals Bomben ab, feuerte der 42-cm-Riesenmörser bereits Jahre vor dem Ersten Weltkrieg; unter strengster Geheimhaltung erprobte in den 20er Jahren das Heereswaffenamt auf den Schießbahnen die 3,7-cm-Tak L/45, das erste moderne Panzerabwehrgeschütz. Nicht weniger geheim waren die Versuche mit den ersten Feststoff- und Flüssigkeitsraketentriebwerken Anfang der 30er Jahre. Wernher von Braun hat hier gearbeitet, ebenso wie der Ingenieur Gruner aus Döbeln, welcher in Kummersdorf, das später berühmt gewordene MG 42 vorgeführt hat. Auf den Prüfstrecken der Kraftfahrversuchsstelle absolvierten die ersten Panzerkampfwagen, zunächst noch getarnt als Landwirtschaftsschlepper, ihre Runden. Hier wurden später alle deutschen Panzerfahrzeuge erprobt, zuletzt kamen die »Tiger« und »Panther« sowie die »Maus«. Auch weniger spektakuläres mußte in Kummersdorf vor den kritischen Augen der Referenten des Heereswaffenamtes bestehen: Munition, Soldatenstiefel, Autoreifen und Kettenpolster, Feldküchen und Granatwerfer... Die Liste der geprüften Waffen, Fahrzeuge und Ausrüstungen ist endlos. Hinzu gezählt werden muß das zahlreiche erbeutete Kriegsgerät, das unter verschiedenen Gesichtspunkten ausgewertet worden ist.

Nach 1945 übernahmen sowjetische Besatzungstruppen einen beträchtlichen Teil des Geländes der ehemaligen Heeresversuchsstelle als Garnison und Übungsgelände. Entsprechend den Festlegungen der Siegermächte im Potsdamer Abkommen von 1945 wurden auch in Kummersdorf Gebäude und Anlagen als Reparationsleistungen demontiert und nach Sowjetrußland gebracht. Die verbliebenen Baulichkeiten hat dann bis zum Ende der 40er Jahre die Brandenburgische Beräumungs AG abgerüstet, vor allem, um eine nochmalige militärische Verwendung ausschließen zu können.

Unser heutiger Kenntnisstand zur Geschichte der Heeresversuchsstelle Kummersdorf ist lückenhaft und beruht nicht auf systematischer Forschungsarbeit. Dort gibt es unterschiedliche Gründe: Die in Kummersdorf als Ergebnis aufwendiger Forschungs- und Entwicklungsarbeiten durchgeführten Versuche hatten in ihrer Zeit für die Militärs innovativen Charakter, unterlagen deshalb besonderer Geheimhaltung, welche das Versuchsgelände einschloß.

Die Anlagen und Ausrüstungen der ehemaligen Heeresversuchsstelle Kummersdorf waren natürlich für die Rüstungsindustrie Sowjetrußlands von erheblichem Interesse und sind deshalb dorthin verbracht worden. Gleiches gilt für die vorgefundenen Archive mit Unterlagen jeglicher Art. Ehemalige Mitarbeiter der Heeresversuchsstelle wurden, soweit in Forschung und Entwicklung eingebunden, zur Auswertung ihrer Kenntnisse nach Rußland geholt. Andere gerieten in Putlos, Hillersleben oder Sankt Johann/Tirol in die Gefangenschaft anglo-amerikanischer Truppen. In der Tat konnten für die Anfang der 80er Jahre durchgeführten Befragungen nur Arbeiter, in Einzelfällen Verwaltungsbeamte, ausfindig gemacht werden. Wegen der Ausdehnung, Komplexität und Vielfalt des Versuchsgeländes waren befriedigende Antworten zu Aufbau, Aufgaben und Entwicklung der Heeresversuchsstelle Kummersdorf nicht zu erhalten.

Die Aktenbestände der Archive vermitteln ein sehr lückenhaftes Bild einzelner Teilbereiche der Heeresversuchsstelle. Archiviert wurden vor allem Unterlagen des Militärbauamtes über die Bautätigkeit in Kummersdorf.

Mit der Nutzung des Kummersdorfer Areals

als Standort für die Truppen der Gruppe der Sowjetischen Streitkräfte in Deutschland (GSSD) war erneut eine besondere Geheimhaltungsstufe verbunden, welche Forschungsarbeiten zur Geschichte der Heeresversuchsstelle behinderten. In einem viel stärkeren Maße ergaben sich aber nachteilige Folgen für diese Arbeit aus dem durch die politische Führung in der ehemaligen DDR vorgegebenen Rahmen für militärhistorische Forschungen, der ganz anders gelagerte Schwerpunkte enthielt. Ergebnisse zielstrebiger Nachforschungen wären u. a. ein realeres Bild über die tatsächlich vorhandenen qualitativen und quantitativen Merkmale der deutschen Rüstung gewesen. Sie paßten ebensowenig ins offizielle Geschichtsbild, wie die vielen Berührungspunkte aus der Zusammenarbeit von Reichswehr und Roter Armee während der Zeit der Weimarer Republik, die in Verbindung mit Kummersdorf stehen.

Die Arbeiten der lokalen Geschichtsforschung im Kreis Zossen sind, weil unter den o. g. Beschränkungen betrieben, für die Aufarbeitung der Geschichte der Heeresversuchsstelle Kummersdorf insgesamt wenig hilfreich gewesen.

Im ehemaligen Armeemuseum der DDR, dem heutigen Militärhistorischen Museum der Bundeswehr in Dresden, ergab sich die Notwendigkeit intensiverer Auseinandersetzung mit der Kummersdorfer Geschichte, aus den zahlreichen, weitgehend unbekannten Waffen, Ausrüstungen und Munitionskörpern, welche vom Munitionsbergungsdienst als Exponate an das Museum übergeben wurden. Diese Nachforschungen waren zunächst sehr stark auf die einzelnen Objekte bezogen und erhielten erst Ende der 80er Jahre einen anderen Charakter. Einige wesentliche Positionen zur Geschichte der Heeresversuchsstelle Kummersdorf bis 1945 konnten so aufgearbeitet werden. Zufällig erhalten gebliebene Akten und Bildmaterial erleichterten dieses Bemühen. Trotzdem kann nur ein sehr unvollständiges Bild vermittelt werden.

Der Autor möchte sich bei denjenigen bedanken, die durch ihr geduldiges Beantworten der vielen Fragen, durch die Bereitstellung von Bild- und Schriftmaterial und sonstige Hilfe und Unterstützung zum hier vorgestellten Ergebnis jahrelanger Recherchen beigetragen haben. Stellvertretend genannt werden sollen an dieser Stelle die Mitarbeiter des Staatlichen Munitionsbergungsdienstes im Land Brandenburg, die Herren Reinhardt, Wuhde und Weise, weiterhin Herr Kaim von der Bürgervereinigung Kummersdorf-Gut. Wichtige Hinweise kamen von Herrn Behrend, Herrn Behnisch, Herrn Brachmüller, Herrn Geissen, Herrn Prof. Gruner, Herrn Klär, Herrn Wohlauf u.v.a.

Bei der Bearbeitung des Themas halfen in bewährter Weise Frau Wetzig und Herr Thiede.

Freital, im Sommer 1995 Wolfgang Fleischer

Ein Artillerieschießplatz entsteht

Im Jahr 1871, noch während des deutsch-französischen Krieges, faßte das preußische Kriegsministerium den Entschluß, den bisher in Tegel bei Berlin befindlichen Schießplatz der Artillerieprüfungskommission nach einem in größerer Entfernung zur preußischen Residenzstadt befindlichen Ort zu verlegen. Als geeignetes Gelände für die Anlage eines erheblich vergrößerten Schießplatzes wurde der südwestlich von Zossen gelegene Kummersdorfer Forst erkundet.

Der Schießplatz Tegel bereitete zunehmende Probleme, insbesondere behinderten die völlig unzureichenden Sicherheitszonen die Erprobung leistungsgesteigerter Geschütze mit gezogenen Rohren, die um 1860 dort in Angriff genommen wurde. Ein Ergebnis der stürmischen wirtschaftlichen Entwicklung, die in Deutschland in den fünfziger und sechziger Jahren des 19. Jahrhunderts begonnen hatte und nachhaltigen Einfluß auf das Militärwesen ausübte. Qualitative Veränderungen auf dem Gebiet der Militärtechnik und die Notwendigkeit, zahlenmäßig starke, auf der allgemeinen Wehrpflicht beruhende Streitkräfte damit auszurüsten, förderten das Bestreben privater Unternehmer, in bestimmte Bereiche der Waffenproduktion vorzudringen.

Diese Veränderungen wirkten im besonderen Maße bei der Entwicklung der Artillerie, deren Tempo und Umfang bis zur Jahrhundertwende außerordentlich zunahm. Die Verwendung neuer Werkstoffe, neuartiger Spreng- und Treibmittel wie auch die effektiveren Herstellungsverfahren führten dazu, daß in immer kürzeren Abständen neue Waffen entwickelt und in die Streitkräfte eingeführt wurden. Darauf zu verzichten hätte zwangsläufig bedeutet, militärische Unterlegenheit in Kauf nehmen zu müssen.

Die ständige Weiterentwicklung der Militärtechnik und der taktischen und operativen Grundsätze ihrer Verwendung hatten zur Folge, daß ihre Erprobung nunmehr ohne wesentliche Unterbrechungen und unter Berücksichtigung teilweise völlig neuer qualitativer Merkmale durchgeführt werden mußte. Das stellte Anforderungen an Versuchsschießplätze, die wie bereits am Beispiel Tegel erwähnt, nicht mehr erfüllt werden konnten. Es wirkten aber noch weitere Faktoren. Die Effektivität der

Versuchsschießen vor internationalem Publikum auf dem Gelände des Gruson'schen Schießplatzes in Tangerhütte. Die Artillerieprüfungskommission hatte wenig Interesse daran, daß das von ihr zur Beschaffung ausgewählte Artilleriegerät der Öffentlichkeit zugänglich wurde. Ein Grund, warum sie mit Nachdruck die Errichtung des Schießplatzes in Kummersdorf betrieb.

Die Haltestelle Sperenberg um 1875. Diese Station war auf besonderen Wunsch der Gewerbetreibenden des Ortes entstanden. Die Errichtung der Militäreisenbahn förderte so die wirtschaftliche Entwicklung in dieser Region.

Das Bahnhofsgebäude Schießplatz Kummersdorf war in dieser Form 1900 entstanden und hatte das erheblich kleinere Gebäude aus dem Jahr 1875 abgelöst. Ort und Station sind nach 1945 in Kummersdorf-Gut umbenannt worden (abgeleitet von Heeresgutsbezirk Kummersdorf). Die alte Bezeichnung Kummersdorf-Schießplatz schimmert auf dem Stationsschild noch durch. Aufnahme aus dem Jahr 1989.

Der Artillerieschießplatz Kummersdorf um 1880.

neuentwickelten Waffen hing in einem viel stärkeren Maße, als das früher der Fall gewesen war, von dem reibungslosen Zusammenwirken zahlreicher, mit großer Präzision hergestellter Einzelteile ab. Die Waffen wurden komplizierter, empfindlicher und damit auch in der Anschaffung wesentlich teurer.
Trotz der vielen und neuen technischen Möglichkeiten blieb jede Waffe ein Kompromiß zwischen Masse, Beweglichkeit und Waffenwirkung. Auch unter diesem Gesichtspunkt kam der eingehenden Erprobung eine größere Bedeutung zu. Fehlentscheidungen hatten angesichts der erheblichen Kosten einer massenhaften Einführung neuer Waffen kaum wiedergutzumachende Folgen für die Einsatzbereitschaft der Streitkräfte. Eine umfassende Erprobung neuer Waffen war auch im Interesse der Erarbeitung eines entsprechenden Vorschriftenwerkes zur Bedienung notwendig. Qualitativ neue Merkmale der Waffentechnik stellten auch höhere Anforderungen an die sie bedienenden Soldaten.
Alle hier genannten politischen, wirtschaftlichen und militärischen Faktoren drängten geradezu danach, die Erprobung neuer Militärtechnik von einer bisher üblichen Stufe der »Handwerkelei« auf das Niveau einer mit wissenschaftlicher Exaktheit, langfristig und systematisch betriebenen Forschungsarbeit zu heben. Ergebnisse dieser Arbeit gaben wichtige Anstöße für die Weiterentwicklung der Waffentechnik.
Weitere Gründe für die Verlegung des Schießplatzes der Artillerieprüfungskommission von Tegel in den Kummersdorfer Forst sind in der gesteigerten Wirksamkeit der Artillerie, insbesondere ihrer höheren Schußweite und größeren Zerstörungskraft der Geschosse zu suchen. Die damit verbundenen Probleme der Sicherheit, aber auch der Geheimhaltung konnten in unmittelbarer Nähe der Hauptstadt des Deutschen Reiches nicht zur Zufriedenheit gelöst werden.
Für die Auswahl des Kummersdorfer Forstes zur Anlage eines neuen Schießplatzes sprach vor allem, daß ein erheblicher Teil des zunächst 800 ha umfassenden Geländes bereits im preußischen Staatsbesitz war.
Unter der Leitung von Oberstleutnant Schulz von der Artillerieprüfungskommission wurde zunächst die Fläche des zukünftigen Schießplatzes abgesteckt. Wichtigste Voraussetzung für dessen Einrichtung und Unterhaltung war der Ausbau eines direkten normalspurigen Eisenbahnanschlusses nach Berlin. Am 6. April

1873 wurde die Genehmigung zum Bau der Strecke erteilt. Die Eröffnung des Streckenabschnittes Berlin-Schöneberg nach Kummersdorf-Schießplatz erfolgte am 15. Oktober 1875. Dieser Tag, an dem die Königlich-Preußische Militäreisenbahn den regelmäßigen Zugverkehr auf dieser Strecke aufnahm, kann auch als die eigentliche Geburtsstunde des Schießplatzes gewertet werden.

Täglich befuhren zwei Personenzüge diese Strecke. Dienstreisende der Artillerieprüfungskommission, des Militärbauamtes und anderer Einrichtungen gelangten so recht schnell auf den im Ausbau begriffenen Schießplatz. Zwischen 1895 und 1897 erweiterte man die Streckenführung bis nach Jüterbog.

In unmittelbarer Nachbarschaft zum Bahnhof Kummersdorf-Schießplatz entstand innerhalb kurzer Zeit die Kommandantur und eine Kaserne mit 104 Räumen. Des weiteren errichtete man Werkstätten, Laboratorien für die Feuerwerker und Munitionsbunker. Angelegt wurden Batteriestellungen mit Schutzwällen, Portalkränen und den Bettungen für die Geschütze. Der Waldbestand auf der 12000 m langen, von Südost nach Nordwest verlaufenden Schießbahn mußte gerodet und das Gelände trassiert werden. Auf der linken Seite errichtete man zwischen den Entfernungsmarken 498 m und 10200 m vor der 0-Linie (Batteriestellung) insgesamt 55 Beobachtungsstände. Ihre Maße betrugen 4 x 4 x 2 m; sie wurden gemauert und mit einer Schicht aus Hartgranitbeton belegt, zusätzlich mit einem Erwall umgeben. Die Abstände zwischen den einzelnen Bunkern betrugen 250-600 m. Heute ist ein erheblicher Teil dieser Bunker gesprengt und als Trümmerberge erhalten.

Ebenfalls auf der linken Seite der durchschnittlich 250 m breiten Schießbahn wurde ab 1888 ein Schmalspurgleisanschluß mit 750 mm Spurweite gebaut. Die sogenannte »Schießplatzbahn« besaß hinter der Hauptbatterie einen Anschluß zum normalspurigen Eisenbahnnetz. Sie unterstand allein der Artillerieprüfungskommission und diente der Versorgung des Schießplatzes, zum Transport von Baumaterial und zur Aufrechterhaltung des Versuchsbetriebes auf dem Schießplatz.

Die Landstraßen, welche die Ortschaften Sperenberg und Schöneweide sowie Scharfenbrück und Kummersdorf-Ort miteinander verbanden, mußten in den ersten Jahren nach Aufnahme der Versuchsschießen gesperrt werden. Später legte man eine Umgehungsstraße über die Gemeinde Gottow an.

Am 18. Juni 1877 war die Versuchskompanie der Artillerieprüfungskommission gebildet worden und kam noch im gleichen Jahr in ihren neuen Standort, nach Kummersdorf-Schießplatz. Weiterhin übten in der Folgezeit dort fünf Zeugfeldwebel und etwa 25 Oberfeuerwerker und Feuerwerker in den Laboratorien, in den Kartuschanfertigungs- und Geschoßladestellen sowie im Schießplatz ihren Beruf aus. Dazu kam ein technischer Inspekteur.

Eine der ersten Feldbahnlokomotiven, wie sie 1888 im Depot Rehagen-Klausdorf zur Verwendung kamen.

Ein Feldbahnbauzug. Hinter dem »Zwilling«, der klassischen Feldbahnlokomotive, Wagen mit fertigen Gleisjochen.

Die gesprengten Träger einer Eisenbahnbrücke auf dem Sperenberger Übungsplatz der Militäreisenbahn. Aufnahme vom 4. März 1895.

1880 - Die ersten Versuchsschießen

Der Schießplatz Kummersdorf war 1880 noch im Ausbau begriffen; unter anderem waren erst wenige der 55 ingesamt geplanten Beobachtungsstände vorhanden, welche dem Personal bei der Beobachtung der scharfen Schüsse Deckung geben sollten. Zu diesem Zeitpunkt wurden, wie vorliegenden Erinnerungsberichten zu entnehmen ist, die ersten Schießversuche durchgeführt.

Im Jahr 1882 wurde eine von dem preußischen Hauptmann Schuhmann konstruierte Panzerlafette erprobt. Sie hat in der Fachliteratur unter der Bezeichnung »Schuhmanns Kummersdorfer Turm« Eingang gefunden. Die Versuche unterlagen sehr scharfen Kriterien, bei denen zweimal im Salvenfeuer das gleichzeitige Aufschlagen von je vier Geschossen erzielt werden mußte. Die Gutachterkommission erkannte einstimmig die Kriegsbrauchbarkeit dieser Konstruktion.

Versuche zur Überprüfung der Schutzwirkung von Festungsbauten und -anlagen bildeten in den folgenden Jahren, ebenso wie Scharfschießen zur Gewinnung von realen Vorstellungen über die Waffen- und Geschoßwirkung, besondere Schwerpunkte der Arbeit in Kummersdorf. Bereits am 31. Januar 1884 hatte die Generalinspektion des Ingenieur- und Pionierkorps und der Festungen Schießversuche gegen Gewölbe- und Panzerziele beantragt. Das preußische Kriegsministerium genehmigte diesen Antrag am 14. Februar 1884.

Innerhalb kurzer Zeit errichtete man auf der Schießbahn zwischen den Beobachtungsständen 4201 m und 4669 m mit großem Arbeitskräfte- und Materialaufwand das »Vereinigte Gewölbe- und Panzerziel«. Die Hohlräume bestanden aus Mauerwerk und waren mit einer maximal 2 m dicken Schicht aus Hartgranitbeton überzogen. Weiterhin gehörten zu dieser Zielgruppe schwenkbare Panzerkuppeln, Grabenstreichen und Infanteriekampfstände aus Grusonschem Hartguß.

Die Schießversuche gegen diese Zielgruppe begannen am 1. August 1884. Ein erstes Ergebnis legte die Versuchskommission in einem Bericht vom 31. Mai 1885 vor. Demzufolge war die Bombensicherheit kasemattierter Räume, auch gegen die wirksamste damals verfügbare 21-cm-Mörsergranate C/83 (Schießwollgranate) mit vertretbarem Aufwand herzustellen. Die in den folgenden Jahren mit Geschützen der Belagerungsartillerie, verbesserten Geschossen und neuentwickelten Treib- und Sprengmitteln durchgeführten Versuche sollten diese Einschätzung schon bald in Frage stellen.

1885/86 folgten Versuchsschießen gegen Panzerkuppeln und in den Jahren 1886 und 1887 der Beschuß eines im Winter des Vorjahres errichteten neuen Zielforts. Ein Teil dieser Anlagen war in deutscher, ein weiterer Teil in französischer Befestigungsmanier errichtet worden. Innerhalb von zwei Tagen wurde das Fort durch die Beschießung mit insgesamt 152 21-cm-Mörsergranaten geradezu verwüstet.

Auf einer Fläche von 9,4 Hektar im Bereich der oben genannten Entfernungsmarken sind heute noch die Überreste dieser Zielgruppen zu finden. Durch das Militärhistorische Museum Dresden wurde das 34 t schwere Teil eines aus zwei Segmenten bestehenden Infanteriekampfwerkes aus Hartguß geborgen. Dessen Gesamtgewicht muß mit etwa 50 t berechnet werden. Zu den als Exponate ins Museum gekommenen Teilen dieser Zielgruppe gehört auch ein 3,4 m langes und cirka 4,5 t schweres Segment aus dem ringförmigen Vorpanzer eines Panzerturmes. Es war durch den Beschuß aus der Verankerung gerissen worden und lag im Umfeld der Zielgruppe. Das Gesamtgewicht der Panzeranlage kann mit 80 t veranschlagt werden.

Nach einem Bericht von H. Appel, einem Feuerwerker der Artillerieprüfungskommission, der Ende 1887 seinen Dienst in Kummersdorf antrat, herrschte zu dieser Zeit dort Hochbetrieb. Das Feuerwerkspersonal sei nur mit Mühe in der Lage gewesen, die laufenden Arbeiten zu erledigen.

Mit Beginn des Jahres 1888 liefen zudem die als äußerst dringlich angesehenen Versuche zur Umstellung der gesamten Artillerie von Schwarzpulver auf rauchloses Pulver an. Die von den verschiedenen Pulverfabriken gelieferten Proben wurden auf ihre Brauchbarkeit für das vorhandene Geschützmaterial untersucht. Praktische Erfahrungen lagen dazu kaum vor. So mußte das Bedienungspersonal auf dem Schießplatz in langwierigen Verfahren die Pulvermenge für die obere Gasdruckgrenze der jeweiligen Geschützmuster ermitteln, um so letztlich handhabungssichere Treibladungen aus rauchlosem Pulver zu erhalten.

Parallel dazu lief ein umfangreiches und nicht weniger aufwendiges Prüfverfahren mit dem Ziel, einen neuen hochbrisanten Sprengstoff, die Pikrinsäure, fortan zur Füllung von Granaten verwenden zu können. Das war von beson-

Die Reste des »Vereinigten Panzer- und Gewölbeziels für den 21-cm-Mörser« auf dem Schießplatz Kummersdorf. Aufnahme aus dem Jahr 1989.

Das Fragment eines T-förmigen Infanterie-Panzerstandes aus Gruson'schem Hartguß, welches zum Panzer- und Gewölbeziel gehört hat. Derartige Anlagen sind nur versuchsweise genutzt worden. Bei einer Panzerdicke von maximal 280 mm ergab sich ein Gewicht von 33 Tonnen. Ein gewaltiger Aufwand, um sechs Gewehrschützen einen sicheren Standort zur Entfaltung ihrer bescheidenen Feuerkraft zu geben.

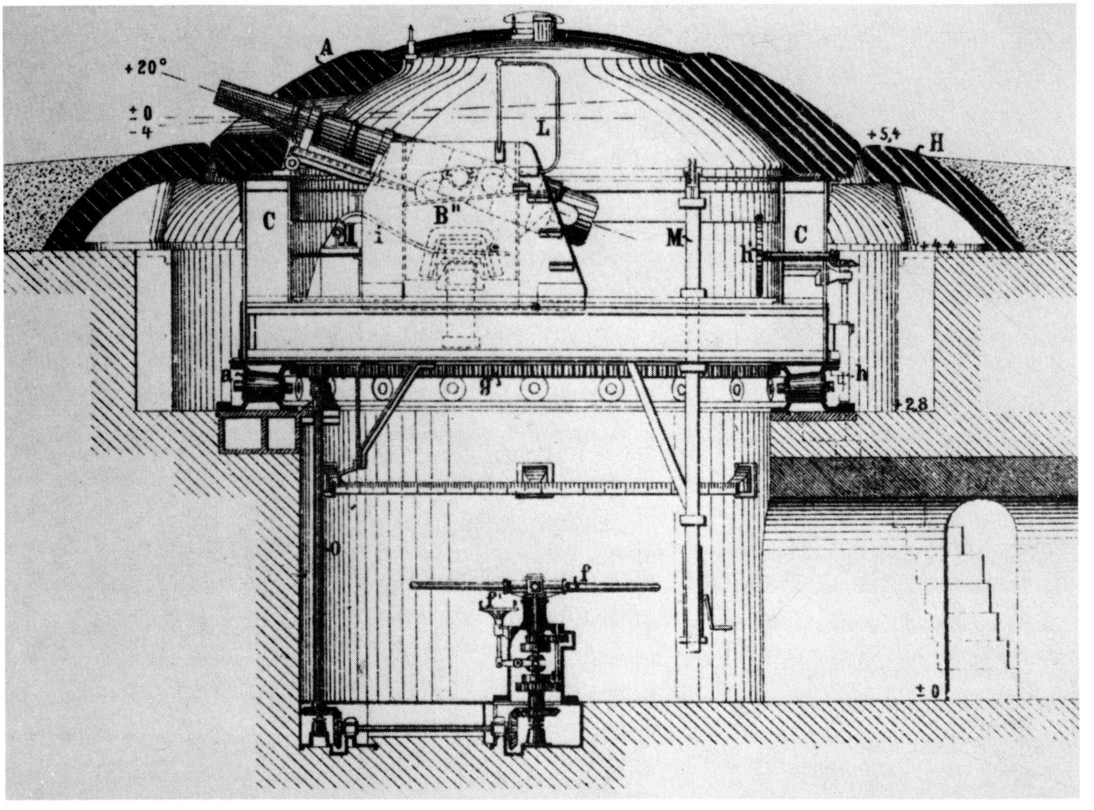

Hartguß-Panzerturm für zwei 15-cm-Kanonen L/25 in Minimalschartenlafette C/84/85. Hersteller war die Magdeburger Firma Gruson. Die Entwicklung solcher Türme hatte durch die Versuche in Kummersdorf wichtige Impulse erfahren.

Das »Vereinigte Panzer- und Gewölbeziel...« auf dem Schießplatz Kummersdorf, bzw. das, was nach mehrfachem intensiven Beschuß davon noch übrig ist, liegt auf der Höhe des Beobachtungsbunkers 4364 m der Schießbahn Ost.

Um die große Wirkung des 21-cm-Mörsers gegen verschiedene Festungsziele genau festzustellen, fanden in Kummersdorf zwischen 1884 und 1887 drei große Schießversuche statt. Die beachtlichen Erfolge des Mörserfeuers blieben nicht ohne Einfluß auf die Taktik des Festungskrieges. Der 21-cm-Mörser wurde mehrfach modernisiert und erreichte zuletzt eine Schußweite von 8200 m.

derer Wichtigkeit für die Munition des 21-cm-Mörsers, dem in dieser Zeit wichtigsten Geschütz der Belagerungsartillerie. 1888 stand keine gebrauchsfähige Sprengmunition dieses Kalibers zur Verfügung. Die zwar sehr brisante, aber nicht lagerbeständige Schießwollsprengladung der erst 1883 eingeführten Granate C/83 war schon völlig unbrauchbar geworden. Damit wäre, im Falle eines Krieges mit Frankreich, die Schlagkraft des deutschen Heeres sehr nachteilig beeinflußt worden. Wie hätten ohne schwere Artillerie die zahlreichen französischen Grenzfestungen belagert, zerstört oder zur Übergabe gezwungen werden können?
Die Versuche zur Entwicklung wirkungsvoller Munition für den 21-cm-Mörser wurden deshalb mit höchster Dringlichkeit geführt. Im Verlaufe der Versuchsschießen gingen neun 21-cm-Mörser durch Rohrkrepierer verloren. Ursache hierfür war die zunächst noch verwendete Granate C/83, deren dünnwandiger Granatkörper mit der stoßempfindlichen Pikrinsäure gefüllt worden war. So laborierte Granaten detonierten regelmäßig beim Schießen mit der großen Ladung im Rohr des Geschützes. Erst nach Herstellung dickwandiger Granaten konnte dieser Mangel abgestellt werden.
Daneben erfolgte die Erprobung weiterentwickelter und neuer Geschütze, mit einem Kaliber von 3,7, 5, 6, 7,7, 9, 10, 13, 15 und 21 cm. Als Geschoßarten kamen in der Regel zwei oder drei verschiedene Formen zur Einführung: Sprenggranaten mit Aufschlagzünder, Schrapnells mit Brennzeitzündern, in einigen Fällen Panzergranaten mit und ohne Sprengladung sowie Kartätschen. Das Spektrum der Versuchsmunition war breiter angelegt, vielfach nutzte man aber, um das Gelände des Schießplatzes zu schonen, blind laborierte oder blind bezündete Munition.
1887 beantragte die Artillerieprüfungskommission Belastungsversuche mit hydraulischen Bremsen zum Hemmen des Rücklaufes schwerer Flachbahngeschütze.

Hand in Hand mit dem an Umfang ständig zunehmenden Versuchsschießen erfolgte der weitere Ausbau des Schießplatzes und der dazugehörigen Werkstätten und Feuerwerkerlaboratorien. Das Netz der splitter- und bombensicheren Beobachtungsstände wurde weiter verdichtet. Sie waren mittels Telefonanschluß mit der Hauptbatterie verbunden. Hinzu kam eine Vielzahl von Zielgruppen unterschiedlichster Bauart, die errichtet werden mußten. Um die Jahrhundertwende, so wurde berichtet, führte man Versuche mit der leichten Feldhaubitze

Die lange 15-cm-Kanone kam erst 1892 zur Truppe und konnte gegen Festungsziele Sprenggranaten und Schrapnells verschießen. Schußweiten von 12.000 bzw. 9.500 m wurden erzielt.

durch. Dazu wurde ein feldmäßig herzustellender Unterstand mit einer Decke aus Holzbalken und Erde aufgebaut, der 10 m lang und 2-3 m breit war. Auf eine Entfernung von 1950 m wurden aus der 10-cm leichten Feldhaubitze 47 Schüsse abgegeben, von denen aber nur vier das Ziel trafen.

Die umfangreichen Bau- und Versuchsarbeiten blieben nicht ohne Auswirkungen auf die Bevölkerungsentwicklung. Die Zahl der Einwohner in Kummersdorf-Schießplatz nahm in kurzer Zeit erheblich zu. Im Jahr 1895 lebten hier bereits 271 Menschen. Das gesamte Gebiet des Schießplatzes wurde 1897 zu einem selbständigen Heeresgutsbezirk erklärt und gehörte zum Amtsbezirk Kummersdorf Forst. Der Heeresgutsbezirk Kummersdorf-Schießplatz umfaßte 878,1 Hektar. Zu seiner Bildung wurden von dem Forstgutsbezirk Kummersdorf 824,3 Hektar, von den Gemeinden Kummersdorf-Ort 46,3 Hektar und von Alexanderdorf 8,2 Hektar abgegrenzt. Damit hatte man verwaltungsmäßig Voraussetzungen geschaffen, die den spezifischen Aufgaben des Schießplatzes der Artillerieprüfungskommission in Kummersdorf Rechnung trugen.

1889/90 war von der Artillerieprüfungskommission in Kummersdorf eine fotografischtechnische Abteilung eingerichtet worden, die mit dem seinerzeit modernsten Gerät ausgestattet wurde und beständig eine Erweiterung erfuhr. Ihr stand später ein technischer Inspektor vor.

Erfahrungen, die man bei der Erprobung von Geschützen gewonnen hatte, wurden ebenso wie die wichtigsten taktisch-technischen Parameter in die einschlägigen Vorschriftenwerke eingearbeitet. Dafür war ein bereits 1875 gebildetes Redaktionsbüro zur Ausarbeitung von Dienstvorschriften zuständig.

Vor dem ersten Weltkrieg

Die Nutzung der Ergebnisse des raschen Fortschritts in der Industrie, in der Technik und in den Naturwissenschaften ermöglichte es, die Streitkräfte mit neuen Waffen auszurüsten, deren Zerstörungskraft alles bisher Dagewesene übertraf.
Um die Jahrhundertwende gelangte eine neue Generation von Artilleriewaffen, Geschützen mit Rohrrücklauf, zur Erprobung nach Kummersdorf, um dann innerhalb kurzer Zeit das Bild der deutschen Streitkräfte am Vorabend des Ersten Weltkrieges einschneidend zu verändern. In den Vorstellungen des Generalstabes erlangten schwerste Steilfeuergeschütze eine besondere Bedeutung, waren sie doch eine wichtige Voraussetzung dafür, den weiter verstärkten Festungsgürtel an den Ostgrenzen Frankreichs und Belgiens innerhalb kurzer Zeit überwinden zu können.
1906 hatte man die Firma Krupp AG mit der Neukonstruktion eines schweren Mörsers beauftragt. Das besondere Interesse politischer und militärischer Führer im deutschen Kaiserreich an der Entwicklung einer wirksamen schweren Artillerie unterstreichen regelmäßige Besuche in Kummersdorf zu Vorführungen, die als »Kaiserschießen« in die Geschichte eingegangen sind. Im Mai 1903 wurden neue schwere Feldhaubitzen vorgeführt. Am 6. November 1909 weilte Kaiser Wilhelm II. erneut in Kummersdorf. Steilfeuergeschütze verschiedener Firmen, nun bereits mit Rohrrücklauf, wurden bei dieser Gelegenheit gezeigt, darunter auch ein erstes Muster des 1906 geforderten 42-cm-Mörsers.
Besonders langwierig und kompliziert waren die in den folgenden Jahren durchgeführten Versuche mit Geschossen für den 42-cm-Mörser. Dabei zeigte sich, daß der Schießplatz nach über 35 Jahren seiner Existenz bereits an den Grenzen seiner Leistungsfähigkeit angelangt war. Die maximale Schußweite des 42-cm-Mörsers mit seiner über 1000 kg schweren Granate betrug 14500 m und lag damit rund 2500 m über der in Kummersdorf überhaupt möglichen Schußweite. Von der Artillerieprüfungskommission als wünschenswert angesehene Untersuchung der außenballistischen Leistungen in diesem Bereich waren, wie die Überprüfung scharf laborierter Geschosse im Ziel nicht mehr möglich. Auf dem Schießplatz verwendete man deshalb nur blind laborierte Geschosse. Recht schwierig gestaltete sich das Ausgraben der Granaten, die bis zu 12 m tief in den Sandboden eindrangen. Diese Arbeiten waren aber notwendig, um Verformungen der Geschosshülle untersuchen zu können.

Vorführung der Mörser von Krupp und Rheinmetall vor Kaiser Wilhelm II. am 9. November 1909 in Kummersdorf.

Für laufende Versuche der Artillerieprüfungskommission in Kummersdorf waren in der dortigen Versuchsbatterie verschiedene Geschütze stationiert, darunter diese lange 24-cm-Ringkanone in Küstenlafette.

Die Einführung der 15-cm-Feldhaubitze erfolgte 1893 nach intensiver Erprobung in Kummersdorf, der sich ein Truppenversuch anschloß. Das Geschütz konnte 6050 m weit schießen.

Weitere Versuche mit dem 42-cm-Mörser führten Arbeitskommandos aus Kummersdorf in Kolzenburg und auf dem Truppenübungsplatz Jüterbog durch. Die Wirkung der Sprengladungen schwerer Artilleriegeschosse untersuchte die Artillerieprüfungskommission unter realen Bedingungen in einigen zum Abriß freigegebenen Ortschaften in Nordrhein-Westfalen. Antworten auf die wichtigste Frage, wie sich scharf laborierte 42-cm-Geschosse hinsichtlich ihrer Wirkung beim Schießen auf größtmögliche Entfernung verhielten, standen aber immer noch aus. Deshalb wurde auf dem kleinen Pionierübungsplatz Markendorf bei Jüterbog ein modernes Fort aus Eisenbeton und mit moderner Bestückung aufgebaut. Es sollte im Sommer 1914 beschossen werden. Dazu war die Absperrung mehrerer Dörfer vorbereitet worden, denn der Mörser sollte auf dem Artillerieschießplatz Jüterbog in Stellung gebracht werden. Weiterhin hatte man 200 42-cm-Langgranaten bereitgestellt. Oberleutnant Justrow, seinerzeit Assistent im Geschoßreferat der Artillerieprüfungskommission, berichtete darüber: »Alles war zum Beschuß bereit, da brach der Krieg aus. Der Beschuß konnte nicht mehr ausgeführt werden; wir zogen in den Krieg, ohne die tatsächliche Wirkung der scharfen 42-cm-Granaten praktisch erprobt zu haben.« Ein Teil der zur Bedienung gehörenden Offiziere und Feuerwerker wurde übrigens vom Personal der Artillerieprüfungskommission des Schießplatzes Kummersdorf gestellt. Dem geschilderten Umstand ist es zu verdanken, daß das Zielfort Markendorf weitgehend unbeschädigt die Zeit überstanden hat. Später durchgeführte Sprengungen haben zu keinen größeren Beschädigungen der Bausubstanz geführt.

Die Anlage stellt sich heute als betonierter Graben und ein langgestreckter, teilweise verdeckter Stahlbetonbau mit mehreren Hohlräumen, mit Traversen und gedeckten Eingängen dar, die von zwei Postenständen, sogenannten »Schnecken«, aus Stahlbeton flankiert wird. Ein Postenstand ist umgestürzt.

Neben der im vorherigen Abschnitt näher beschriebenen, spektakulären Erprobung schwerster Geschütze liefen in Kummersdorf andere Versuche. So zum Beispiel der Beschuß von Panzerplatten. Um dabei den günstigsten Auftreffwinkel von 90 Grad zu erreichen, wurden Geschützrohre bis 28-cm Kaliber in spezielle Gerüste eingehängt. Weiterhin führte man Wirkungsschießen gegen Feldgeschütze mit Stahlschutzschilden durch und überprüfte die Schutzwirkung verschiedener Feldstellungen.

Höhepunkt der Entwicklung von Steilfeuergeschützen in Deutschland waren die 42-cm-Mörser, welche es in Eisenbahnbettungslafette und in Radlafette (Bild) gab. Versuche mit diesen Geräten liefen lange vor dem Ersten Weltkrieg in Kummersdorf.

Das Zielfort für 42-cm-Mörser auf dem Gelände des ehemaligen Pionierübungsplatzes in Markendorf bei Jüterbog. Aufnahme des Verfassers aus dem Jahr 1992.

Zu den neuen Waffen, die zu den Versuchen nach Kummersdorf gelangten, gehörten Minenwerfer verschiedenen Kalibers (25-cm, 17-cm und später auch 7,7-cm). Diese Waffen waren im Auftrag des Königlich-Preußischen Ingenieurkomitees nach dem Russisch-Japanischen Krieg (1904-1905) entwickelt worden.
1913 kam als ein neues Tätigkeitsfeld für das Schießplatzpersonal der Abwurf von Bomben aus Luftschiffen und Flugzeugen hinzu. Zu diesem Zweck setzte man das Luftschiff »Hansa« und alte »Wright«-Doppeldecker ein. Untersucht wurde unter anderem die Trefferwahrscheinlichkeit beim Bombenabwurf.
Ausgeweitet wurde die Versuchs- und Ausbildungstätigkeit mit der Heeresfeldbahn. Dazu hatten die preußischen Verkehrstruppen in den vergangenen Jahren das Streckennetz der Schmalspureisenbahn mit 600 mm Spurweite im Gebiet um Sperenberg und Kummersdorf ausgebaut. Begonnen hatte das 1891 mit dem Bau einer 19 km langen Übungsstrecke, die vorübergehend von Klausdorf nach Baruth verlegt worden war. Das Schmalspur-Eisenbahnnetz der Heeresfeldbahn besaß übrigens keine Verbindung zu der bereits erwähnten »Schießplatzbahn« mit 750 mm Spurweite, die der Artillerieprüfungskommission unterstand. 1911 wurde durch die Versuchsabteilung der Verkehrstruppen, Sektion II eine Funk- und Telegrafenstation errichtet und in Betrieb genommen.

Nordwestlich von Sperenberg liegt der Schumka-See. Hier war ein Versuchs- und Ausbildungsgelände für normalspuriges Eisenbahnmaterial aufgebaut worden. Ein Anschlußgleis stellte die Verbindung zur Eisenbahnlinie Berlin-Jüterbog her. Auf diesem Gelände bauten Eisenbahnpioniere Brücken unterschiedlicher Konstruktion, führten Belastungsproben und Sprengungen durch. Aber auch erste Versuche mit Selbstfahrern auf den Straßen im Umfeld des Schießplatzes hat man bereits zu dieser Zeit unternommen. So prüfte im Frühjahr 1913 die Artillerieprüfungskommission zusammen mit der Verkehrstechnischen Prüfungskommission auf dem Schießplatz die Zweckmäßigkeit von Motortraktoren als Zugmittel für die 42-cm-Mörser der »ß«-Batterien. Die zunehmende Intensität, Vielfalt und Breite der Versuchsarbeiten auf diesem Territorium widerspiegelt den höheren Grad der Ausstattung der Streitkräfte mit einer modernen Bewaffnung und Ausrüstung vor dem Ersten Weltkrieg.

In der Artilleriekaserne, unmittelbar hinter der Hauptbatterie des Schießplatzes Kummersdorf, waren zeitweise auch Unteroffiziere mit ihren Familien untergebracht. Im Ersten Weltkrieg reichte das große Gebäude nicht mehr aus. Ein Teil der Mannschaften mußte in schnell errichteten Baracken unterkommen.

Ein weithin sichtbares Wahrzeichen ist der vor dem Ersten Weltkrieg errichtete Wasserturm. Dadurch wurde die bis dahin stets problematische Wasserversorgung auf dem Schießplatz verbessert. Links im Bild die elektrische Zentrale.

Eine Belastungsprobe. Für die Militäreisenbahn sind immer wieder Brücken errichtet worden, um die Belastbarkeit der einzelnen Konstruktionen zu überprüfen.

Brücke über den Schumkasee bei Sperenberg. Der dortige Übungsplatz ist im Frühjahr 1892 von der Militäreisenbahn in Betrieb genommen worden. Das dazugehörige Barackenlager war schon am 22. Januar des Jahres bezugsfertig.

Der Bau von Zielen für die Artillerie auf dem Schießplatz war, ebenso wie die Errichtung von Beobachtungsständen, vor allem ein Transportproblem. Dafür wurden Stichgleise provisorisch verlegt, um mit der Eisenbahn Baumaterial und -maschinen vor Ort bringen zu können.

Versuchsfahrt eines Straßengüterzuges auf der Straße Sperenberg-Alexanderdorf. Aufnahme aus dem Jahr 1910.

Ein Straßengüterzug passiert mit voller Ladung den Marktplatz von Luckenwalde. 50 Tonnen Last ließen sich so leicht transportieren. Die Artillerieprüfungskommission förderte solche Versuche vor allem wegen der sich abzeichnenden Möglichkeit, schwerste Steilfeuergeschütze so beweglich und von der Eisenbahn unabhängig machen zu können.

Längere Zeit untersuchte die Versuchsabteilung der Kraftfahrtruppe Straßengüterzüge der W. A. Th. Müller-Straßengütergesellschaft. Dabei war der Schießplatz Kummersdorf Anlaufpunkt der von Berlin ausgehenden Versuchsfahrten.

Der Artillerieschießplatz im Ersten Weltkrieg

Der Erste Weltkrieg stellte einen wichtigen Einschnitt in der Entwicklung des Schießplatzes Kummersdorf und der anderen Versuchs- und Ausbildungseinrichtungen in seinem Umfeld dar. Zunächst wurde der Versuchsbetrieb erheblich eingeschränkt. Die Kasernenanlagen sind von der Schießplatzkommandantur im Rahmen der Mobilmachung für andere Verwendungen freigemacht worden. Befangen in der Vorstellung, den Krieg innerhalb weniger Wochen siegreich beenden zu können, legte die Artillerieprüfungskommission keinen Wert auf die Fortsetzung aufwendiger Versuche. Hinzu kam, daß ein erheblicher Teil des Schießplatzpersonals, insbesondere die Feuerwerker in den Artilleriebataillonen, Munitionskolonnen und Munitionsdepots dringend als Spezialisten gebraucht wurden. Die bereits erwähnten 42-cm-Mörser gingen mit einem Teil der Versuchsmannschaft vom Schießplatz an die Westfront. Zur Bedienung der drei damals einsatzbereiten Mörser gehörte auch der später als Militärschriftsteller bekannt gewordene Oberleutnant Justrow.

Der Krieg nahm indessen einen anderen Verlauf, im Osten und Westen erstarrten die Fronten im Stellungskrieg. An die Bewaffnung des deutschen Heeres, die vor dem Krieg einseitig auf die Führung eines Bewegungskrieges ausgerichtet war, wurden nun völlig neue Anforderungen gestellt. Die Vorstellung über Art und Weise der Kriegsführung, die Kriegsdauer und die damit verbundenen materiellen Anforderungen an das Potential der Volkswirtschaft mußten wesentlich korrigiert werden.

In den Konstruktionsbüros und Musterwerkstätten der Rüstungsindustrie arbeitete das Personal aller Ebenen fieberhaft an der Weiterentwicklung der Militärtechnik und bemühte sich gleichzeitig, die Ausstoßzahlen zu erhöhen. Mit einer geringen zeitlichen Verschiebung ergaben sich daraus neue qualitative und quantitative Aufgabenstellungen an den Versuchsbetrieb auf dem Schießplatz Kummersdorf. Nun machte sich die im Sommer 1914 vorgenommene Reduzierung des Personals nachteilig bemerkbar; im Herbst waren nur noch 40% des Personalbestandes der Vorkriegszeit verfügbar. Die Lücken wurden durch Rückkommandierungen aus dem Feldheer und durch die Einberufung von Reservisten geschlossen. Auch die für die Bedienung der Geschütze zuständige Versuchskompanie der Artillerieprüfungskommission brachte man wieder auf ihre etatmäßige Stärke. Sie wurde zu einem Ersatzbataillon aufgestockt, das im Sommer 1915 um drei weitere Batterien verstärkt werden mußte. Bis zum Oktober des Jahres kam ein 2. und 3. Bataillon hinzu. Die Unterbringung und sanitäre Betreuung der über 1000 Soldaten bereitete erhebliche Probleme. Teilweise konnte das Personal in schnell errichteten Baracken untergebracht werden. Dagegen wirkte sich der Wasserturm, dessen Bau 1913 zum Abschluß gebracht werden konnte, günstig auf die Versorgung mit Brauchwasser aus. Geklagt wurde über den hohen Eisengehalt des Wassers.

Bald donnerten auf dem Schießplatz wieder die Geschütze mit unverminderter Heftigkeit. Immer häufiger mußte auch nachts geschossen werden. Unterbrechungen gab es nur zur Durchführung dringend notwendiger Wartungsarbeiten und bei Unglücksfällen unter der zunehmenden Zahl ziviler Arbeitskräfte (am 31. Januar 1916 waren bei der Depotverwaltung 135 Arbeiter und Arbeiterinnen beschäftigt). Beispielsweise kam es am 26. Juni 1915 im Bereich der Depotverwaltung zu einer heftigen Explosion, die auch Gebäudeschäden verursachte.

Hauptrichtungen der Versuchsarbeiten in den Kriegsjahren waren:

1. Die Fortsetzung der vor dem Krieg angelaufenen Versuche mit Waffen und Munition, soweit sie den veränderten Bedingungen angepaßt werden konnten.
2. Die Erprobung der infolge von Rohstoffverknappung zur Anwendung kommenden Ersatzstoffe und der daraus in produktionstechnisch vereinfachten Verfahren hergestellten Waffen und Geräteteile sowie Munition. Bei der Munitionsfertigung ergab sich der Übergang von hochwertigen Friedenskonstruktionen zu teilweise minderwertigen Graugußgranaten und Granaten aus Thomasstahlguß, deren Erprobung in Kummersdorf langwierig verlief und mit vielen Problemen belastet war. Weiterhin führte man neue Pulver- und Sprengstoffarten ein.
3. Versuche mit neu- und weiterentwickelten Waffen und Ausrüstungen. Im Bereich der Artillerie wurde bei allen Geschützen eine erhebliche Schußweitensteigerung angestrebt, auf die man vor dem Krieg zugunsten einer höheren Beweglichkeit verzichtet hatte.
4. Versuche zur Motorisierung der schweren Artillerie des Heeres.
5. Die Erprobung und Auswertung erbeuteten

Nach dem Russisch-Japanischen Krieg 1904/05 beschäftigte sich das Königlich Preußische Ingenieurkorps nachdrücklich mit der Entwicklung von Minenwerfern. Nachdem die Versuchsmuster die Erprobung auf firmeneigenen Schießplätze bestanden hatten, kamen sie nach Kummersdorf. Im Bild ein schwerer Minenwerfer beim Abnahmebeschuß.

Kriegsmaterials. Das erfolgte zunehmend unter dem Gesichtspunkt der Wiederverwendung von Beutegut im deutschen Heer. Damit gelangten Konstruktionen von Granaten und Zündern zur Erprobung nach Kummersdorf, die sich hinsichtlich ihrer Funktion, ihrer Sprengstofflaborierung und in anderen Dingen (Kennzeichnung, Handhabungssicherheit) von deutscher Munition unterschieden. Aus dieser Zeit liegen entsprechende Belegstücke in den Schausammlungen des Munitionsbergungsdienstes des Landes Brandenburg bzw. im Sammlungsbestand des Militärhistorischen Museums Dresden.

Die Erprobung neuer Geschosse geschah oft in einem sogenannten beschleunigten Prüfverfahren innerhalb weniger Tage. Auch einzelne Chargen wurden überprüft. Hinzu kam die im Krieg notwendig gewordene Arbeit mit Sondergeschossen, wie Gasgranaten (vermutlich nur Geschoßkörper), Nebelgranaten und panzerbrechende Munition.

Zu den neuen Aufgaben, die auf dem Kummersdorfer Schießplatz bewältigt werden mußten, gehörte auch die Erprobung des Stahlhelms. Am 20. November 1915 begann eine Versuchsserie, in deren Verlauf 400 Stahlhelme von Geschützen der Feldartillerie beschossen wurden. Der Beschuß erfolgte mit 7,7-cm-Feldkanonen und 10,5-cm-Feldhaubitzen aus einer Entfernung von 1200 m. Die Sprenghöhe der Geschosse variierte zwischen 2 und 10 m. Auch französische und britische Helme überprüfte man auf diese Art und Weise zu Vergleichszwecken.

Im Jahr 1918 erprobte die Artillerieprüfungskommission insgesamt sieben verschiedene Modelle von Tankabwehrkanonen, darunter Muster der Firmen F. Krupp AG und Rheinmetall-Borsig. Durchgeführt wurden Bewegungsübungen im Gelände und der Beschuß von Panzerplatten mit verschiedenen Geschoßarten.

Die an Umfang schnell zunehmenden Aufgabenstellungen an den Schießplatz Kummersdorf machten seinen weiteren Ausbau notwendig. Im Jahr 1917 wurde die 7500 m lange Schießbahn West mit zwei Meßhäusern in Betrieb genommen. Dadurch konnte der Schießbetrieb auf der alten, nunmehr als Schießbahn Ost bezeichneten Anlage erheblich entlastet werden. Die neue Schießbahn erhielt, ebenfalls auf der linken Seite, Beobachtungsstände mit Fernmeldeanschluß. Ingesamt waren es zehn, die zwischen den Entfernungsmarken 1000 und 7135 m aufgebaut wurden. Ihre Maße betrugen 4 x 5,5 x 3 m; hergestellt wurden sie aus Stahlbeton. Einige dieser Beobachtungsstände sind

Das Auftreten der Tanks als neues Kampfmittel an den Fronten machte es erforderlich, schnellstmöglich geeignete Abwehrwaffen zu schaffen. Im Bild die 3,7-cm-Tankabwehrkanone (Rheinmetall) in starrer Räderlafette. Neben dem Versuchsschießen wurden auf dem Schießplatzgelände die Möglichkeiten der Fortbewegung im Mannschaftszug untersucht.

1918 liefen Versuche mit dem leichten Minenwerfer in Flachbahnlafette (leichter Minenwerfer n. A.).

Versuchsschießen mit Minenwerfern und Infanteriewaffen wurden im Ersten Weltkrieg auf Nebenbatterien verlagert. Dazu wurden Bewegungsübungen, wie hier mit dem schweren Maschinengewehr durchgeführt. Aufnahme aus der Vorkriegszeit.

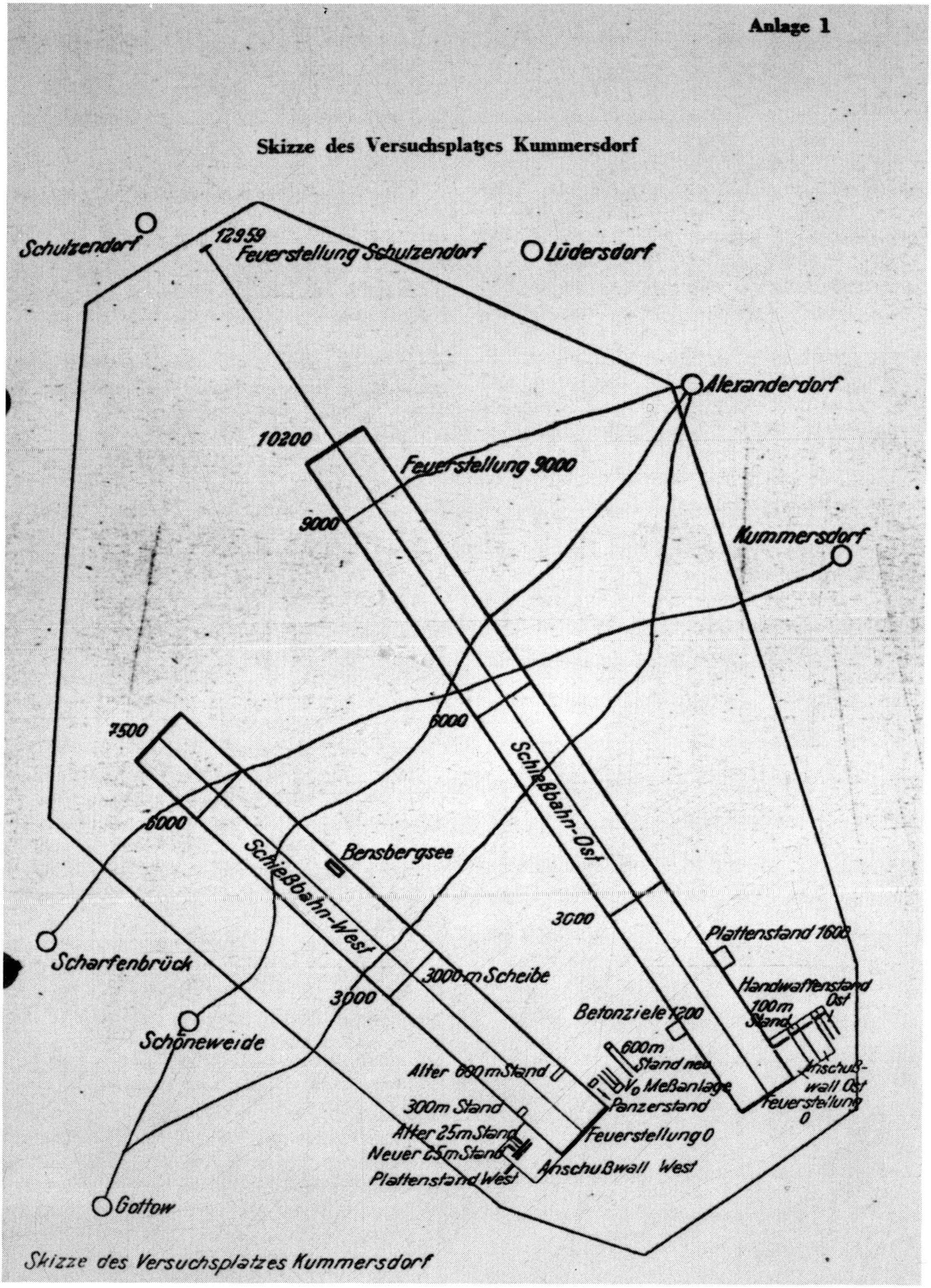

Mit der neuen Schießbahn West erfuhr der Schießplatz Kummersdorf im Ersten Weltkrieg eine wesentliche Erweiterung. Die maximal mögliche Schußweite lag bei 7500 m. Auf der Schießbahn Ost waren das 10200 m (in Ausnahmefällen 12959 m).

vollständig erhalten, andere teils unvollkommen gesprengt und als Trümmerberge erkennbar. Hinter der Linie der Beobachtungsstände befand sich ein Gleisanschluß an das Netz der Schießplatzbahn (750 mm Spurweite) deren Trassierung heute noch erkennbar ist.
Zum Erschießen von Trefferbildern aus Infanteriewaffen stand auf der westlichen Hälfte der etwa 200 m breiten Schießbahn auf 3000 m Entfernung die sogenannte »große Scheibe«, eine 52,8 m breite und 14,5 m hohe Eisenkonstruktion. Daneben befand sich eine 8 m breite und 6 m hohe Scheibenanlage für Flugzeitmessungen. Die große Scheibe war mit Leinwand und Papier beklebt; zu ihrer Bedienung war ein fahrbares Gerüst mit Fahrstuhl vorhanden. Das Vorhandensein einer so großen Scheibe gestattete Trefferbilder aus größter Entfernung zu erschießen. Begonnen wurde mit einer Entfernung von 100 m und dann wurde um je 100 m zurückgegangen. Die Trefferbilder wurden vermessen, fotografiert und protokolliert. Der Munitionseinsatz, in diesem Fall kleinkalibrige Munition, war erheblich.
Während auf der Schießbahn Ost nun überwiegend mit scharf laborierter Munition auf größere Entfernungen geschossen werden konnte

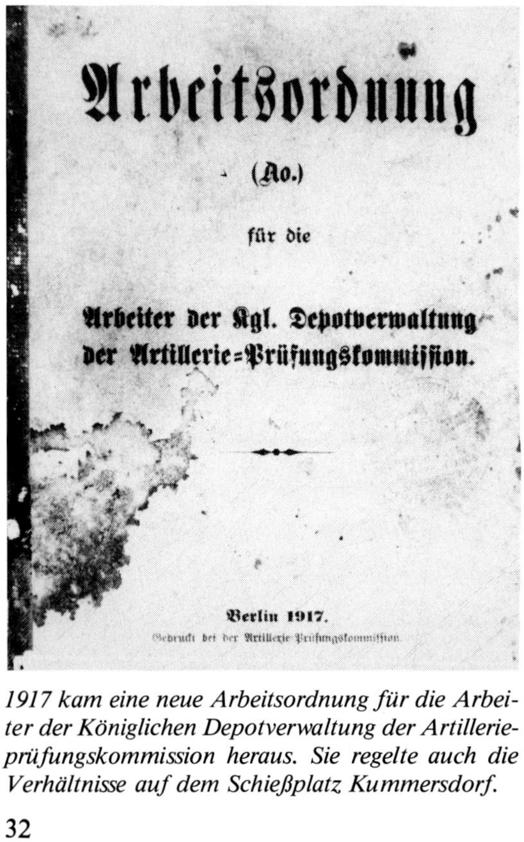
Arbeitsordnung

(No.)

für die

Arbeiter der Kgl. Depotverwaltung der Artillerie=Prüfungskommission.

Berlin 1917.

Gedruckt bei der Artillerie-Prüfungskommission.

1917 kam eine neue Arbeitsordnung für die Arbeiter der Königlichen Depotverwaltung der Artillerieprüfungskommission heraus. Sie regelte auch die Verhältnisse auf dem Schießplatz Kummersdorf.

-zum Beispiel zum Erschießen von Werten für die Schußtafeln - diente die Schießbahn West der Erprobung von Waffen mit geringerer Schußweite. Dazu zählten auch Minenwerfer und Infanteriebegleitgeschütze. Die vorhandene Ausrüstung eignete sich besonders für Versuche mit Infanteriewaffen, die von der Gewehrprüfungskommission durchgeführt wurden.

Bestandteil der Schießbahn West war der Bensberg-See, der seinen Namen nach einem Referenten des Munitionsressorts der Artillerieprüfungskommission erhielt. Er befindet sich zwischen den Beobachtungsbunkern 4000 m und 4800 m und hatte ursprünglich die Form eines Rechteckes mit einer Kantenlänge von 400 x 20 m. Durchgeführt wurden u.a. Versuche, bei denen man speziell das Verhalten von Geschossen beim Auftreffen auf Wasserflächen bzw. beim Eintauchen in diese überprüfen wollte. Außerdem wurden Bodentrefferbilder erschossen; seitlich aufgestellte Siemens-Kameras hielten die einzelnen Treffer fest. Für jedes Trefferbild waren 10 Schuß erforderlich. Der See ist heute noch erhalten, seine ursprüngliche Form und Zweckbestimmung aber kaum mehr erkennbar.
Parallel zur Inbetriebnahme der Schießbahn West vergrößerte die Artillerieprüfungskommission den Personalbestand auf dem Schießplatzgelände. Vor allem zivile Arbeiter, darunter viele Frauen, kamen in ein Beschäftigungsverhältnis. Eine neue Arbeitsordnung für die Arbeiter der königlichen Depotverwaltung der Artillerieprüfungskommission, in welcher Kummersdorf gesondert behandelt wurde, regelte alle Fragen der Arbeit des Arbeitsrechts und der Entlohnung.
Die zahlreichen Veränderungen machten die Einführung einer neuen Struktur erforderlich, zu der nun auch eine Verwaltung für den Förderbahn- und Kraftwagenbetrieb gehörte. Sie hatte Aufgaben aus dem Arbeitsgebiet der Preußischen Verkehrstruppen zu erfüllen. Dazu gehörten Versuche mit Dampfzugmaschinen, Lastenverteilergeräten, Kraftprotzen und anderen Fahrzeugen. Mit deren Hilfe sollten die erheblich schwerer gewordenen Geschütze der Fußartillerie beweglich gemacht werden. Weitere Abteilungen der Artillerieprüfungskommission in Kummersdorf befaßten sich mit dem Wetterdienst, der Fotografie, waren für Gasdruck- und Geschwindigkeitsmessungen zuständig. Zeitweilig übte auf dem Schießplatz auch eine Schall- und Lichtmessabteilung ihre Tätigkeit aus.

Die Forderungen der Truppe zur Weiterentwicklung der Artilleriebewaffnung betrafen vor allem die Schußweitensteigerung bei allen Geschützen. Neben verbesserter Munition, modernisierten Kanonen, Haubitzen und Mörsern kamen in Kummersdorf auch Neuentwicklungen, wie diese 15-cm-Kanone von Rheinmetall, zum Versuch.

Fahrversuche mit dem Krupp-Daimler-Zugwagen, eine 100-PS-Zugmaschine mit Allradantrieb. Die angehängte schwere Flak gehörte zu den Waffen, deren Entwicklung und Erprobung im Kriegsverlauf notwendig wurde.

Der Schienenzeppelin der Deutschen Versuchsanstalt für Luftfahrt auf der Erprobungsstelle in Dümde. Aufnahme aus dem Jahr 1918.

Die Fliegertruppe unterhielt im Ersten Weltkrieg auf dem Kummersdorfer Schießplatz ein technisches Büro mit zwei Offizieren und sechs weiteren Mitarbeitern. Zu deren Aufgaben gehörte u.a. das Ausmessen von Bombentrichtern, die von Flugzeugen unterschiedlicher Bauart abgeworfen wurden. Für jeden Überflug der Schießbahn bedurfte es der Sondergenehmigung der Schießplatzkommandantur.
1917 installierte die Deutsche Versuchsanstalt für Luftfahrt (DLV) westlich des Schießplatzes, in Dümde, eine Außenstelle zur Flugzeugmotorenerprobung und für Versuche mit Holzpropellern. Unter maßgeblicher Mitarbeit des Leiters dieser Einrichtung, Ing. Geissen erprobte die Versuchsanstalt hier einen Schienenzeppelin. Er erreichte die für damalige Verhältnisse atemberaubende Geschwindigkeit von 200 km/h. Die Versuchsanlagen in Dümde sind im Spätsommer 1919 auf Anweisung der Interalliierten Kontrollkommission zerstört worden.
Im Verlaufe des Ersten Weltkrieges entwickelte sich das Versuchs- und Erprobungsgelände in Kummersdorf und Sperenberg mit seinen wichtigsten Anlagen, den beiden Schießbahnen, zu einer zentralen Erprobungsstelle für Waffen und Ausrüstungen des Heeres. Nach wie vor lagen die Schwerpunkte der Arbeiten im Bereich der Artillerie. Die Komplexität militärischer Entwicklung und ihre Abhängigkeit von den Fortschritten in Wissenschaft und Technik sowie von dem verfügbaren ökonomischen Potential hatten eine zunehmende Breite und Vielfalt der in Kummersdorf realisierten Versuchsaufträge zur Folge.

In den 20er Jahren - Entwicklung zum Versuchsgelände des Heereswaffenamtes der Reichswehr

Deutschland gehörte zu den Verlierern des Ersten Weltkrieges. Die Bestimmungen des Versailler Vertrages begrenzten die zahlenmäßige Stärke der Reichswehr auf 100.000 Mann, die über keinerlei moderne Bewaffnung und Ausrüstung verfügen durften. Verboten war auch die Entwicklung neuer Waffen. Über die Einhaltung dieser Restriktionen wachte zunächst argwöhnisch eine Interalliierte Kontrollkommission.

In der Reichswehr wurde die Artillerieprüfungskommission zahlenmäßig erheblich reduziert und im Jahr 1919 in eine Abteilung der Inspektion für Waffen und Gerät umgewandelt.

Im Juli 1927 erfolgte die Zusammenlegung dieser Inspektion mit dem Waffenamt der Reichswehr. Deutlich wird das Bemühen der Reichswehrführung, trotz komplizierter Bedingungen in der Nachkriegszeit, die Funktionsfähigkeit dieser Einrichtungen, der die zukünftige, wenn auch zunächst geheime Entwicklung moderner Waffen obliegen sollte, zu sichern. Eine wichtige Voraussetzung für die geplante Wiederaufrüstung.

In Kummersdorf, auf dem Schießplatz und den nachgeordneten Einrichtungen waren die Auswirkungen dieser einschneidenden Veränderungen deutlich spürbar. Es liegen keine gesicherten Informationen über die Fortsetzung des Schießbetriebes in den Jahren bis 1923 vor. Lediglich in der Artilleriewerkstatt des Schießplatzes und in den Sonderwerkstätten für Nachrichten- und Pioniergerät in Klausdorf wurden Instandsetzungsarbeiten für die Reichswehr ausgeführt. Waffenmeister und sonstiges Personal waren Zivilisten. Infolge der Gesamtentwicklung ging die Einwohnerzahl in Kummersdorf-Schießplatz stark zurück. 115 Personen lebten 1920 noch dort; das waren weniger als 50% des Standes von 1910. Um für zukünftige Aufgaben ausgebildetes Fachpersonal verfügbar zu haben, wurde ab 1922 mit der Ausbildung von Schlosserlehrlingen in den Werkstätten begonnen.

Der intensive Schießbetrieb auf den Schießbahnen in den Kriegsjahren hatte dazu geführt, daß ganze Geländeabschnitte mit scharf und blind laborierter Munition regelrecht verseucht waren. Ihre Beseitigung war im Interesse eines für die folgenden Jahre ins Auge gefaßten reibungslosen Arbeitsablaufs auf den Schießbahnen unbedingt erforderlich. Außerdem stellte die große Menge des zu bergenden Munitionsschrottes einen durchaus interessanten wirtschaftlichen Faktor dar. Deshalb wurden die Oberflächen der Schießbahnen, soweit es die primitiven technischen Möglichkeiten zuließen, abgesucht. Mangels geeigneter Suchgeräte erfolgte das mit spitzen Eisenstangen. So konnten Granaten bis in 0,5 m Tiefe gefunden werden; man grub sie aus, entfernte die Zünder und Sprengladungen. Der Munitionsschrott mußte dann nach Rehagen transportiert und dort bei einer von der Schießplatzverwaltung benannten Firma zur weiteren Verarbeitung abgeliefert werden. Unfälle, die Tote und Verletzte forderten, blieben bei dieser Tätigkeit nicht aus.

1923 ergab sich eine Veränderung für die Anlagen der ehemaligen Königlich Preußischen Militäreisenbahn; sie wurden von der Deutschen Reichsbahn übernommen. Im gleichen Jahr schloß man den Schießplatz Kummersdorf mit einer Hochspannungsleitung an das Umspannwerk in Klausdorf an. Die schießplatzeigene Stromversorgungsanlage, die erst kurz zuvor eine neue Ausstattung erhalten hatte, wurde danach demontiert und verkauft.

»Anschußknüppel«, Kaliber 10,5 und 15 cm. Solche Geschosse wurden für Versuche benutzt, bei denen es nicht darauf ankam außenballistische Werte der Geschütze zu ermitteln, sondern ihre mechanische Funktion zu überprüfen.

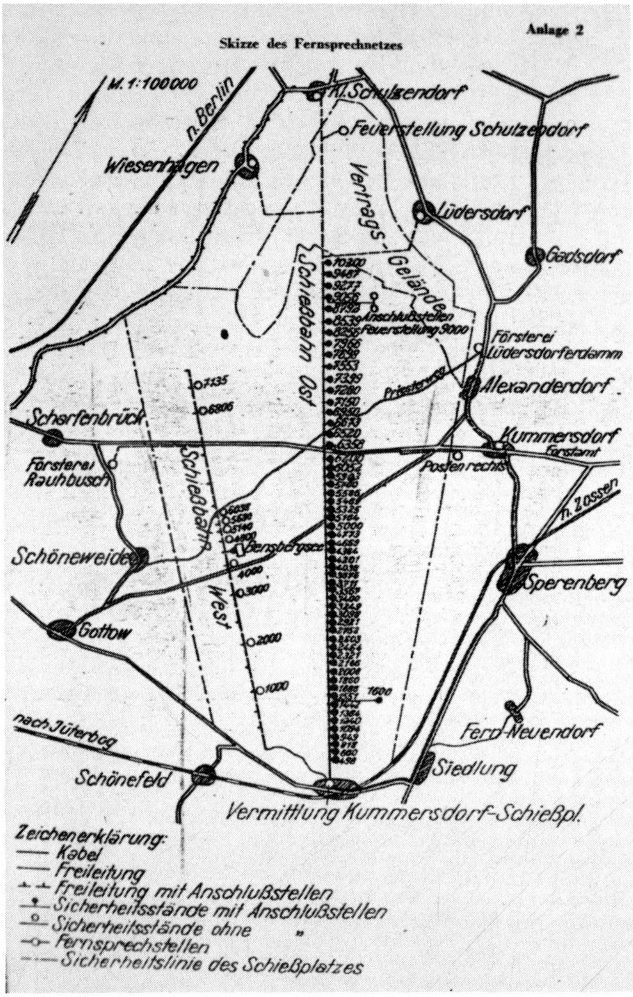

Die Skizze des Fernsprechnetzes auf dem Schießplatz Kummersdorf zeigt noch einmal die Lage der Schießbahnen. Jede der angegebenen Entfernungsmarken ist zugleich der Standort eines betonierten Beobachtungsstandes.

Auf der Schießbahn West sind die Überreste des am weitesten von der O-Linie der Batteriestellung Kummersdorf entfernten Beobachtungsbunkers bei 7135 m zu finden.

Projekte der geheimen Rüstung in Kummersdorf

Die Anstrengungen der Reichswehrführung, umfassende Voraussetzungen für den Aufbau moderner Streitkräfte zu schaffen, traten Mitte der 20er Jahre in eine neue Phase. Unter strengster Geheimhaltung, teilweise ins Ausland verlagert, entstanden auf den Reißbrettern der Konstruktionsbüros die Konturen jener Waffen, Fahrzeuge und Ausrüstungen, die später das Bild der Deutschen Wehrmacht bestimmen sollten.

Die Schwerpunkte der geheimen Entwicklungsarbeiten lagen auf den Gebieten der Artillerie, Panzerwaffe und Heeresmotorisierung, Nachrichtentechnik, aber auch im Bereich der Luftrüstung. Die anlaufenden Aktivitäten belebten das Geschehen auf dem Versuchsgelände Kummersdorf. Nach Auskunft von Willi Klär, ehemals Schlosser in der Artilleriewerkstatt, wurde bereits 1923/24 an einer Ersatzlafette für Feldgeschütze gearbeitet. Die Fertigstellung lief unter größter Geheimhaltung auf dem Kummersdorfer Platz.

Einige Jahre später, im Juli 1927, führte die ballistische und Munitionsabteilung (WaPrüf 1) zusammen mit der Artillerieabteilung (WaPrüf 4) auf der Nebenbatterie Ost mit der Feldkanone 16 V_0-Beschüsse durch. Die in der Reichswehr vorhandenen Geschütze sollten vom alten Kaliber 7,7 cm auf 7,5 cm umgestellt werden. Das Versuchsprogramm stand unter der Leitung des zuständigen Referenten, Dr. Ihilo. Das Umseelen der 7,7-cm-Feldkanonen- und Flakrohre war ein wichtiger Beitrag zur Vereinheitlichung des Geschützkalibers innerhalb der Reichswehr und wurde zwischen 1929 und 1932 durchgeführt.

Ein durch Zufall überliefertes Postbuch der Inspektion für Waffen und Gerät in Kummersdorf aus dem Jahr 1927 gewährt Einblick in die Vielzahl der Versuche, die zu jener Zeit realisiert wurden. Zum Teil ging es dabei um die Untersuchung von Einzelteilen und Baugruppen unter sehr spezifischen Gesichtspunkten. Formell verstieß die Inspektion damit auch nicht gegen die im Versailler Vertrag formulierten Verbote zur Entwicklung neuer Waffen. So beispielsweise beim Beschuß von Ersatzteilen der Einheitsbremse von der Feldlafette 16, um deren Beschußfestigkeit zu überprüfen, wobei man scharf laborierte und scharf bezündete Munition verwendete. Andere Beispiele zeigen, daß bei Funktionsschüssen für Rohrrücklaufbremsen oder bei Abnahmebeschüssen von Geschützen, die aus der Hauptinstandsetzung kamen, in der Regel sogenannte »Anschußknüppel« zur Verwendung kamen. Das waren zylindrische Geschoßkörper, die außer dem Führungsband und dem vorgeschriebenen Gewicht nicht mit den sonst üblichen Panzer- oder Sprenggranaten gemein hatten.

Auch die Erprobung neuer Zieleinrichtungen und anderer optischer Geräte erforderten es, Geschütze in Stellung zu bringen und mit verschiedenen Munitionsarten zu schießen. Gelegentlich kamen Erfinder mit ihren Arbeitsergebnissen, die sie mit der Bitte um finanzielle Unterstützung durch die Reichswehr angeboten hatten, nach Kummersdorf, wo sie entsprechende Waffen oder Geräte vorzustellen hatten. Aus der Sicht der Militärs lag der praktische Nutzen solcher Erfindungen oft in weiter Ferne, der Weg bis zu ihrer Truppenbrauchbarkeit erforderte beträchtliche Mittel. Vorführungen auf dem Schießplatz zeigten das. Auch die Vorführung von Waffen mit konischen Läufen durch ihren Erfinder, den Leiter einer Hamburger Jagdwaffenfirma, Oberingenieur Gerlich, im Sommer 1931 verliefen nicht erfolgreich. Erst im Sommer 1934 wurden die Arbeiten an den Entwürfen Gerlichs auf Betreiben des Waffenamtes wieder aufgenommen und führten bis 1940 zu einer neuen Hochleistungswaffe für die Panzerabwehr.

Einige Notizen im Postbuch weisen auf weitere Aufgaben hin, die in den 20er Jahren von den Kummersdorfer Versuchsstellen erledigt werden mußten. Im Jahre 1927 hat man im Auftrag des Reichswehrministeriums die Prüfbeschüsse mit Läufen von Maschinengewehren durchgeführt. Damit war ein erheblicher Munitionseinsatz, allerdings im Kaliber 7,92 mm (8 x 57) verbunden. Im März des gleichen Jahres wurden durch die Artillerieabteilung (WaPrüf 4/VI) Abnahmebeschüsse mit Feldkanonen 16 realisiert, die aus der Instandsetzung kamen. Über die dabei verwendete Munition wurde bereits an anderer Stelle berichtet.

Im Rahmen der »Notrüstung« der Reichswehr entstand eine 3,7-cm-Tankabwehrkanone (Tak). Bereits 1928/29 durchlief eine von der Firma Rheinmetall entwickelte »3,7-cm-Tankabwehrkanone mit Spreizlafette« alle Bereiche der Erprobung in Kummersdorf.

Wie ehemalige Arbeiter aus der Versuchsstelle zu berichten wußten, wurden die Geschütze, in Kisten mit unterschiedlicher Beschriftung verpackt, zerlegt angeliefert. Die Erprobung der Tak war bis Anfang 1930 zum Abschluß ge-

Gebäude der alten Kraftfahrversuchsstelle hinter der Schießbahn Ost im Jahr 1932. In dem rechts befindlichen Anbau waren die Angehörigen der Interalliierten Kontrollkommission untergebracht, wenn sie die Liegenschaft Kummersdorf-Schießplatz zu inspizieren hatten.

Eine 7,7-cm-leicht-Feldkanone 16 beim Vo-Beschuß auf einer Nebenbatterie der Schießbahn Ost. Aufnahme vom Juli 1927. Auffällig ist der häufige Einsatz von Frauen. Frauen wurden vor allem beim exakten Auswiegen der Treibladungen für Patronen bzw. Kartuschen eingesetzt.

Mit solchen, in den Werkstätten des Schießplatzes selbst hergestellten Attrappen behalf man sich, um Panzerkampfwagen darstellen zu können. Auf dem Kummersdorfer Platz sind Ende der 20er Jahre Versuche durchgeführt worden, in deren Verlauf die Möglichkeiten der Feldartillerie zur Abwehr beweglicher Ziele überprüft wurden. Aufnahme aus dem Jahr 1930.

Die Entwicklung der »3,7-cm-Tak (= Tankabwehrkanone) in Spreizlafette« war vom Heereswaffenamt im Rahmen der Notrüstung der Reichswehr mit besonderer Dringlichkeit verfolgt worden. Unter strengster Geheimhaltung entstand diese erste moderne Panzerabwehrkanone. Ihre Erprobung lief in Kummersdorf.

bracht worden. Dabei kamen zunächst nur 3,7-cm-Anschußknüppel, Vollgeschosse mit und ohne Prallscheiben und erst zuletzt 3,7-cm-Panzersprenggranaten mit Bodenzünder zum Einsatz. Geschossen wurde auf Entfernung von 1000 m abwärts. In den Plattenständen der Nebenbatterien untersuchte man die Durchschlagsfähigkeit der Geschosse im gesamten Spektrum der effektiven Schußweite und gegen Panzerplatten unterschiedlicher Güte. Die Einführung der 3,7-cm-Tak erfolgte Anfang der 30er Jahre, ohne daß eine Truppenerprobung absolviert worden war - aus Geheimhaltungsgründen. Interessant ist in dem Zusammenhang der Besuch einer hochrangigen russischen Militärdelegation auf dem Kummersdorfer-Schießplatz im Jahre 1930, die sich dort die 3,7-cm-Tak (das zu dieser Zeit modernste Panzerabwehrgeschütz) vorführen ließen. Die Waffe überzeugte, und Sowjetrußland erwarb die Lizenz.

Ähnliche Versuche wie mit der Tak liefen mit dem 7,5 cm leichten Infanteriegeschütz 18, der 10 cm leichten und 15 cm schweren Kanone 18, der 10,5 cm leichten und der 15 cm schweren Feldhaubitze 18 sowie weiteren Geschützen aus der geheimen Rüstung der Reichswehr.

Der Vollständigkeit halber soll erwähnt werden, daß 1925 eine Heeresschule und 1926 eine Kraftfahrtversuchsstelle eingerichtet wurden. Letztere entstand in Zuständigkeit der Kraftfahrzeu- und Motorisierungsabteilung des Waffenamtes (WaPrüf 6). Versuchsbahnen zur Erprobung von Rad- und Kettenfahrzeugen errichtete das Militärbauamt in der Nähe der Gemeinde Gottow. Sie hatten teils provisorischen Charakter, Gräben mit Holzauskleidung, Balkensperren, Kletterbahnen, Sand- und Pflasterstrecken u.a.m.

Weiterhin entstanden neue Meßhäuser (1929), Materialprüfungsstellen (1931), eine neue Artilleriewerkstatt (1932) und die Versuchsstelle West, wo ab 1930 Versuche mit Raketen durchgeführt wurden.

Zunehmende Bedeutung erlangten Versuche mit Fahrzeugen, aber auch mit Waffen aus dem Ausland. Diese Versuche durchliefen Anfang der 30er Jahre einen ersten Höhepunkt. Sie wurden mit dem Ziel durchgeführt, Erkenntnisse über Konstruktion, Handhabung, Brauchbarkeit und Möglichkeit der Bekämpfung zu gewinnen. Die Auswertung »fremdländischen Geräts« bot die Möglichkeit, den durch die bestehenden Einschränkungen entstandenen Zeitverlust gegenüber der Rüstung im Ausland zu verringern. Häufig ergaben sich aus diesen Arbeiten wichtige Anregungen für bedeutsame eigene Waffen- und Geräteent-

Der Daimler-Kraftwagen 19 (Sd.Kfz. 1) in einer Aufnahme aus dem Jahr 1932. Zu diesem Zeitpunkt lief die Umseelung der Rohre der 7,7-cm-Kraftwagengeschütze 14 von Kaliber 7,7 cm auf 7,5 cm. Die erforderlichen Versuchsschießen sind auf dem Schießplatz Kummersdorf erfolgt, wo auch diese Aufnahme entstanden ist.

Versuchsschießen mit der 10,5-cm-leichten-Feldhaubitze 16.

Die Entwicklung des 7,5-cm-leichten-Infanteriegeschützes 18 erfolgte zunächst unter der Bezeichnung »leichter Minenwerfer neuer Art«. Versuchsmuster sind in Kummersdorf zerlegt, in Kisten verpackt und als Werkzeugmaschinen getarnt angeliefert worden.

Einer der ersten Wanderer-Kübelwagen W-11 vor dem Fahrzeugschuppen 24 auf dem Gelände der alten Kraftfahrversuchsstelle in Kummersdorf. Aufnahme aus dem Jahr 1932.

Auf dem Schießplatz in Kummersdorf gab es eine eigene fotografische Abteilung, die auf Anforderung aus den einzelnen Ressorts Fahrzeuge, Waffen und Aurüstungen fotografierte. Im Bild eine frühe Form des Sonderanhängers 32 für die Munition der 3,7-cm-Tankabwehrkanone.

In der Inspektion der Kraftfahrtruppen (In 6) setzte sich der Major Werner Kempf energisch für die Entwicklung eines Sechsrad-Panzerspähwagen auf dem Fahrgestell handelsüblicher Lastkraftwagen ein. Das hier fotografierte Fahrzeug lief zunächst als Kfz. 67 und dokumentiert den Entwicklungsstand vom Frühjahr 1933.

Das Holzmodell eines »Leichttraktors«, 1987 in Kummersdorf-Gut gefunden. Die praktische Erprobung der Entwicklungen »Großtraktor« und »Leichttraktor« ist im Rahmen der Zusammenarbeit zwischen der Reichswehr und der Roten Armee auf dem Panzerübungsgelände in Kama, in Sowjetrußland erfolgt.

Die Versuche mit dem Krupp-Kleintraktor (auch Landwirtschaftsschlepper) liefen von Anfang an, teilweise im Vergleich mit dem englischen »Carden-Lloyd«-Panzer, in Kummersdorf. Anläßlich einer Übung in Münsingen im September 1933 hatte Guderian veranlaßt, daß die dort beteiligten fünf Fahrzeuge der 0-Serie im Landmarsch zurück nach Kummersdorf fuhren.

wicklungen. Stellvertretend soll hier das Maschinengewehr 34 genannte werden, dessen Konzept als »Einheits-Maschinengewehr« auf das dänische Madsen-Maschinengewehr zurückgeht. Der Granatwerfer 34 ist eine Adaption des französischen Stokes-Brandt-Granatwerfers, und wesentliche Teile der Fahrwerksgestaltung des Landwirtschaftsschleppers (des späteren Panzerkampfwagens I) wurde vom englischen Vickers-Garden-Loyd-Panzerwagen übernommen. Letzter ist übrigens völlig zerlegt, in Kisten verpackt, die mit der Aufschrift Maschinen und landwirtschaftliches Gerät versehen waren, in Kummersdorf angeliefert worden.

Zusammenfassend kann für die Entwicklung in den 20er Jahren eingeschätzt werden, daß sich das Versuchs- und Erprobungsgelände Kummersdorf zu einem wichtigen Bindeglied zwischen Forschung und Entwicklung in der Industrie und den für die Beschaffung und Ausrüstung der Reichswehr verantwortlichen Dienststellen entwickelte. Das war ein qualitativ neues Moment, das den enger werdenden Verbindungen zwischen dem Staat und der Industrie im Rüstungsbereich Rechnung trug. Die trotz der bestehenden finanziellen Schranken von der Reichswehr betriebene aktive Politik im Bereich der Waffen- und Geräteentwicklung, ermöglichte der Industrie die Unterhaltung kostspieliger Entwicklungsbüros (sie trugen teilweise Tarnnamen). Im Ergebnis einer engen und für beide Seite nützlichen Zusammenarbeit ergaben sich für die Militärtechnikentwicklung in Deutschland äußerst wichtige Impulse. Damit waren Voraussetzungen für den schnellen Aufbau der Wehrmacht in den 30er Jahren geschaffen worden.

Gittermasten zum Messen der Anfangsgeschwindigkeit (Vo) von Geschossen auf der Schießbahn Ost. Mit Hilfe der flexibel aufgehängten Spulen konnte ziemlich exakt gemessen werden.

Vor neuen Aufgaben

Nach der Übernahme der Macht durch die Nationalsozialisten wurden auf der Grundlage der bereits in den 20er Jahren geleisteten Vorarbeiten innerhalb kurzer Zeit die Voraussetzungen zur Wiederaufrüstung und zum Aufbau moderner Streitkräfte geschaffen. Die Auswirkungen auf das Geschehen in Kummersdorf waren für alle Beteiligten schon recht bald spürbar. Auf beiden Schießbahnen des Schießplatzes, den Nebenbatterien, in der Kraftfahrversuchsstelle, in Labors und Prüfständen nahmen Zahl und Umfang der Versuche zu. Ganze Versuchsprogramme wurden in der Zuständigkeit einzelner Abteilungen des in Berlin angesiedelten Heereswaffenamtes absolviert. Insbesondere die Infanterieabteilungen (WaPrüf 2), die ballistische und Munitionsabteilung (WaPrüf 1), die Artillerieabteilung (WaPrüf 4) und die Kraftfahrversuchsstelle (WaPrüf 6) taten sich hervor. Die Baulichkeiten in den Abteilungen (Bezirken) des Versuchsgeländes wurden erweitert. Aber auch bei der Pionier- und Eisenbahnpionierabteilung (WaPrüf 5) wurde eifrig gearbeitet. Das Streckennetz der Heeresfeldbahn ist instandgesetzt, bzw. aufgebaut worden. Die Strecke Rehagen-Sperenberg erhielt 1934 ein zusätzliches Gleis für 750 mm Spurweite und 1937 stellte man den Anschluß zur »Schießplatzbahn« in Kummersdorf her. Nunmehr bestand ein unmittelbarer Anschluß zwischen der Ausbildungs- und Erprobungsbahn (600 mm Spurweite) und dem Schießplatz. Rollendes Material, darunter Dieselloks und neue Signal- und Fernmeldeanlagen, hat man in dieser Zeit beschafft und installiert.

Die Vielfalt der Versuche illustriert das umfangreiche Programm zur Erprobung eines neuen Stahlhelms, der später als Modell 1935 in die Wehrmacht eingeführt wurde. Die Arbeiten hatten schon 1930 begonnen. Zwischen 1934 und 1936 durchgeführte Beschüsse sahen wie folgt aus: Auf den Schießbahnen wurden drei unterschiedliche Zielfelder mit einer Kantenlänge von 17 x 82 m aufgebaut und 1134 Stahlhelme in unterschiedlicher Höhe, teils auf Holzfiguren, installiert. Das Feld A hat man dann mit Schrapnells, das Feld B mit Aufschlagzündergranaten und das Feld C mit Aufschlagzündergranaten mit geringfügiger Zündverzögerung, sogenannten »Abprallern«, beschossen. Die günstigsten Treffergebnisse brachte der Beschuß mit Schrapnells.

Bereits in der ersten Hälfte der 30er Jahre setzte in Kummersdorf eine intensive Bautätigkeit ein. Es entstanden Geschoßfangkörbe, ganze Zielgruppen, Munitions- und Meßhäuser und andere Anlagen. Allein für einige im März 1937 erforderlich werdenden Baumaßnahmen für ein Meßhaus an der Schießbahn sowie für

Adolf Hitler besuchte den Schießplatz Kummersdorf als Reichskanzler zum ersten Mal am 21. September 1933. Wernher von Braun, der damals in der Versuchsstelle West tätig war, ist als 14. von links zu sehen.

Hitlers Interesse für militärtechnische Details war bekannt. Schon im Frühjahr 1934 ist er wieder in Kummersdorf. Hier mit dem Reichswehrminister von Blomberg (rechts), Bormann (rechts hinter Hitler) u. a. auf einem Erinnerungsfoto vor dem Offizierscasino. Der Zivilist in der Mitte, vorletzte Reihe, wiederum Wernher von Braun.

Die Schießbahn Ost, Mitte der 30er Jahre. Blick von der Hauptbatterie auf die Vo-Meßanlage.

Nachrichten- und Versorgungsleitungen waren 180.000 Ziegel, 68 t Zement und 14 t Eisenarmierung bilanziert. Die Kosten lagen bei 102.000 Reichsmark. Im September 1937 wurden diese Arbeiten zum Abschluß gebracht. Ein umfangreiches Programm zur Verlegung von Kabeln teils in betonierten Gräben zur Einrichtung von Meldeköpfen in den Batteriestellungen, Labors und Werkstätten verursachte Kosten in Höhe von 302.000 Reichsmark. Planung und Realisierung lagen in der Zuständigkeit des Reichskriegsministeriums und waren entsprechend der Dringlichkeit im Rahmen der Bautätigkeit des Wehrkreises III eingeordnet. Die Ausführung selbst erfolgte über das Militärbauamt Jüterbog.

WaPrüf 2 errichtete 1934 in der Nähe des Forsthauses Adlerhorst einen »Sprenggarten«, um hier die Splitterwirkung von Granaten und anderen Munitionskörpern zu überprüfen. Derartige Versuche hat man bis dahin, je nach Bedarf, auf den Schießbahnen durchgeführt und dafür die erforderlichen Anlagen errichtet. Das war zeitaufwendig und hatte die anderen Versuche behindert. Die insgesamt zu verzeichnende Zunahme der Versuchsarbeiten und der damit verbundenen Verwaltung und Logistik hatte eine erhebliche Aufstockung des Personalbestandes zur Folge.

Hitler kam im Sommer 1934 nach Kummersdorf und ließ sich hier von Guderian Fahrzeuge und Ausrüstungen, der im Aufbau begriffenen Kraftfahrkampftruppen vorführen. Bei diesem Besuch waren u.a. Blomberg und Göring zugegen.

Luftaufnahme des sogenannten Sprenggartens. In der Mitte der Anlage wurden die Granaten zum Zerknall gebracht, deren Splitter von den in unterschiedlicher Entfernung angeordneten Holzwänden aufgefangen werden konnten. Jeder Splitter ist dann gesammelt, einzeln numeriert und ausgewogen worden.

Zielgruppe aus Stahlbeton (»Geschoßfangkörbe«) mit unterschiedlicher Stahlbewehrung auf der Schießbahn West. Aufnahme aus dem Jahr 1987.

Gesamtansicht des Zielfeldes zwischen den Beobachtungsbunkern 6800 m und 7135 m auf der Schießbahn Ost. Versuch einer Rekonstruktion aus dem Jahr 1987.

Der große Geschoßfangkorb mit zwei Kammern auf der Nebenbatterie West. Die Anlage war mit Hochofenschlacke gefüllt, welche die Geschosse auffangen sollte. Hier wurden vornehmlich blindgefüllte 15- und 21-cm-Granaten gefunden.

Reste eines betonierten Munitionshauses hinter der Schießbahn West. Die einzelnen Anlagen waren durch das schießplatzeigene Eisenbahnnetz mit 750 mm Spurweite untereinander verbunden.

Eines der großen stahlarmierten Betonziele auf der Schießbahn Ost, welches durch die Wucht der auftretenden Granaten völlig zerstört wurde. Die Anlage daneben war mit Teer gefüllt, andere Ziele besaßen Metallschindeln und wieder andere waren aus Stahlfaserbeton. Aufnahme aus dem Jahr 1987.

Um den Schießplatz zu schonen, wurden für eine Reihe von Versuchsschießen Geschosse mit Hemmplatte oder sogenannte »Anschußknüppel« verwendet. Das Bild zeigt eine Auswahl von links nach rechts: 3,7-, 4,7-, 5-, 7,5-, 10,5-cm-Anschußknüppel, 10,5-cm-Granate mit Hemmplatte, 15-cm-Anschußknüppel, 15-cm-Granate mit Hemmplatte.

Versuchsstelle West - An den Wurzeln der Raumfahrt

Ein Ziel der Arbeit des Heereswaffenamtes der Reichswehr bestand darin, die durch den Versailler Vertrag auferlegten Beschränkungen zu unterlaufen. Auf der Suche nach Waffen, die große Schußweiten erzielen konnten, und mit deren Hilfe man späterhin den Mangel an schweren Geschützen auszugleichen hoffte, stießen die Militärs zwangsläufig auf die Raketenentwicklung. Das war Ende der 20er Jahre ein faszinierendes Arbeitsgebiet, auf dem sich viele Techniker und Wissenschaftler versuchten, zugleich aber auch ein Tummelplatz für Phantasten, Abenteurer und Betrüger. Obwohl vieles noch unerforscht war, im dunklen lag, hatte das Raketenfieber die Zeitgenossen in seinen Bann gezogen.

In den ersten Jahren der Raketenentwicklung beschäftigten sich neben dem Heereswaffenamt eine Unzahl von Einzelerfindern mit dem Raketenproblem. Meist wurden Ideen angeboten, und es galt, die Spreu vom Weizen zu trennen. Die Industrie selbst war von den Intentionen des Heereswaffenamtes nicht sonderlich begeistert. Für sie stand fest, es war ein weiter Weg, bis aus der Vielzahl von Ideen und Projekten ein serienreifes Rüstungsprodukt werden würde, welches auch in den Firmenkassen eine positive Bilanz hinterlassen könnte. Hier mußte die Reichswehr also selbst handeln. Deshalb beauftragte das Heereswaffenamt im Sommer 1930 das Referat für Ballistik und Munition, die Brauchbarkeit großkalibriger Raketen zu untersuchen. Um die Jahreswende 1930/31 entstand in Kummersdorf zwischen den beiden Schießbahnen der erste militäreigene Prüfstand für Pulverraketen - die Geburtsstunde der Versuchsstelle West. Auf diesem Prüfstand und in speziellen Klimaanlagen wurden die von der Industrie angelieferten Schwarzpulver-Raketentreibsätze u.a. nach folgenden Kriterien untersucht:

— Leistungsfähigkeit
— Temperaturempfindlichkeit
— Zündfähigkeit
— Lagerbeständigkeit
— Formgebung der Pulverkörner und Pulverzusammensetzung

Erstmalig konnten in langen Versuchsreihen, ebenso beim Erschießen von Trefferbildern, grundlegende Erfahrungen gesammelt werden, welche es gestatteten, 1934 Lieferbedingungen für Schwarzpulver-Raketentreibsätze aufzustellen.

Um den Charakter dieser Arbeiten zu skizzieren, ist es notwendig, an dieser Stelle zwei Passagen aus einer grundsätzlichen Stellungnahme des Truppenamtes vom 20. März 1931 zum Entwicklungsprogramm der Reichswehr zu nennen: »Maßgebend muß sein, daß auf keinem E.(Entwicklungs-) Gebiet der Anschluß an die Fortentwicklung der Technik verloren geht und ein ständiger Fortschritt entsprechend den gegebenen Möglichkeiten gewährleistet ist.« Unter der Position 7 Geldmittel kann man nachlesen: »Die Verteilung der Mittel wird durch die jährliche Kassenführung geregelt. Sie erfolgt je nach der Dringlichkeit der Entwicklungsgebiete ... Geldansätze (dürfen) nur für solche Vorhaben erfolgen, die durch das E. Programm genehmigt sind.« Diese Widersprüchlichkeit sollte die Arbeit auf der Versuchsstelle West in den nächsten Jahren maßgeblich beeinflussen. Im Entwicklungsprogramm der Reichswehr waren Waffen-, Geräte- und Munitionsentwicklung zusammengefaßt, welche innerhalb eines vergleichsweise kurzen Zeitraumes für den Ausbau des Heeres zur Verfügung stehen sollten. Dazu gehörte nicht die in Aussicht gestellte Raketenartillerie. Einigen Reichswehroffizieren ging es ganz im Sinne der grundsätzlichen Stellungnahme darum, den Anschluß an die Entwicklung in Wissenschaft und Technik nicht zu verlieren. Andere, zu denen Walter Dornberger gehörte, waren von der Idee besessen, aus der Rakete eine kriegsbrauchbare Waffe zu machen. Dornberger war von Oberst Prof. Dr. Becker, nach erfolgreichem Abschluß seines Studiums an der Technischen Hochschule Berlin an das Heereswaffenamt geholt worden, wo er sich vornehmlich mit der Raketenentwicklung beschäftigen sollte.

Um erste Grundlagen über Flüssigkeitsraketentriebwerke zu erlangen, hatte das Heereswaffenamt 1931 bei der Firma Heylandt ein entsprechendes Aggregat mit 20 kg Schub in Auftrag gegeben. Mit dessen Hilfe sollten vor allem vorteilhafte Treibstoffkombinationen ermittelt werden. Federführend bei diesen Versuchen war die Forschungsabteilung des Heereswaffenamtes, welche Dr. Wahmke als Versuchsleiter einsetzte. Innerhalb weniger Wochen ist in der Versuchsstelle West ein provisorischer Prüfstand aus Holzbohlen, die mit Eisenplatten beschlagen waren, errichtet worden. Im März 1934 kam es hier zu einem schweren Unfall, als Dr. Wahmke versuchte, bereits mit Spiritus gemischtes Wasserstoffsuperoxyd in einem Triebwerk abzubrennen. Dr. Wahmke

und zwei weitere Mitarbeiter verunglückten tödlich. Die Explosion war so heftig, daß von dem Prüfstand nur noch das Bleirohr der Wasserleitung übrig blieb.
Das Heereswaffenamt hatte in Berlin-Reinickendorf eine Rakete mit Flüssigkeitstriebwerk bestellt. Im August 1932 kam die 3600 mm lange und 20 kg schwere Rakete in Kummersdorf zum Versuch. Das Triebwerk aus Leichtmetall entwickelte einen Schub von 20 kg. Das Experiment mißlang. Die Rakete legte sich in 70 m Höhe in die Waagerechte und stürzte in den nahegelegenen Wald, wo sie zu Bruch ging. Das löste große Enttäuschung aus, zeigte den Mitarbeitern des Heereswaffenamtes zugleich mit aller Deutlichkeit, wieviel grundsätzliche Probleme noch geklärt werden mußten.
Am 1. Oktober trat Wernher von Braun als Angestellter in den Dienst des Heereswaffenamtes. Dornberger hatte den jungen Mann auf dem Raketenflugplatz Berlin-Reinickendorf kennen- und schätzen gelernt. Wernher von Braun wohnte zur Untermiete in Mellensee in der Klausdorfer Straße.
Fast zeitgleich wurde begonnen, einen ersten soliden Prüfstand aus Beton zu errichten, der speziell zur Erprobung von Flüssigkeitsraketentriebwerken vorgesehen war. Er stand in unmittelbarer Nachbarschaft zum Pulverraketenprüfstand. Drei Betonwände, 6 m lang und etwa 4 m hoch, waren U-förmig aufgestellt worden. Die vierte Wand war ein zusammenklappbares Blechtor. Ein hölzernes Dach mit Dachpappe ließ sich auf Rollen mittels Seilwinde verschieben. Hinter den Mauern waren Meß- und Prüfräume; hier liefen zahllose farbige Kabel zusammen, befanden sich Ventile, Uhren und andere Instrumente. In Augenhöhe hatte man Sehöffnungen angebracht. An den Seiten des Prüfstandes waren mit Ketten grüne Hochdruckstahlflaschen mit Stickstoff befestigt.
Im Inneren des U-förmigen Prüfstandes befand sich ein Meßgerüst, an dem das Raketentriebwerk senkrecht montiert war. Dornberger beschreibt dieses als eine birnenförmige Kugel mit einem Durchmesser von 500 mm. Rechts und links waren Kugeln mit einer Füllung aus flüssigem Sauerstoff und Alkohol. Unter der Düsenmündung war eine Eisenplatte angebracht, mit einer Öffnung, durch welche der Gasstrahl schießen sollte. Darunter befand sich eine mit feuerfesten Steinen ausgemauerte Schurre, in welcher besagter Strahl um 90 Grad umgelenkt und zu beiden Seiten des Prüfstandes abgeleitet werden konnte.
Zu der Anlage gehörten noch zwei Baracken mit Arbeitszimmer, Konstruktionsraum, Meßräumen, Dunkelkammer und einer Werkstatt.
Ein erster Brennversuch am 21. Dezember 1932 wurde zu einem Fehlschlag; die Einrichtung des Prüfstandes erlitt beträchtliche Zerstörungen. Neben Walter Dornberger und Wernher von Braun hatten an dem Versuch Ingenieur Walter Riedel und Heinrich Grunow als Schlosser teilgenommen. Riedel war von den Heylandt-Werken in Berlin-Brietz gekom-

Ein Feuerwerker mit dem Einstabrepulsor auf dem Gelände der Versuchsstelle West. Aufnahme vom August 1932.

Überreste des im Herbst 1932 in Kummersdorf errichteten Prüfstandes für Flüssigkeitsraketentriebwerke. Blick auf die Brennkammer mit Schurre. Aufnahme aus dem Jahr 1987.

Der große Prüfstand auf der Versuchsstelle West. Sämtliche Zu- und Ableitungen, Stahltore und Sicherheitsstände sind nach dem Zweiten Weltkrieg demontiert worden.

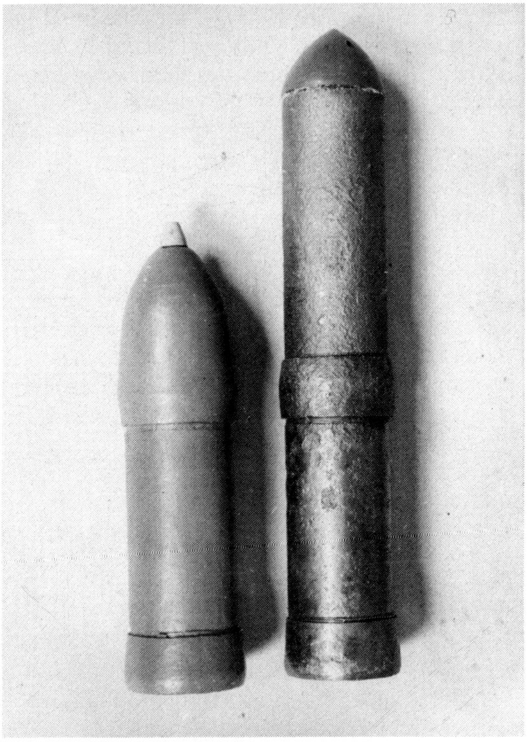

Auf der Grundlage des in den 30er Jahren in Kummersdorf, Versuchsstelle West erprobten »Rauchzylinders« entstand die 7,3-cm-Raketensprenggranate (links). Ein Ableger dieser Entwicklung war die Propagandagranate, welche mit Flugblättern gefüllt werden konnte.

men, wo er schon 1929/30 mit Max Vallier am ersten Raketenwagen gearbeitet hatte.
Der demolierte Prüfstand wurde wieder repariert. Die Versuche konnten fortgesetzt werden, wobei insbesondere das Durchbrennen der Triebwerke und das Ausbrennen der Düsen große Probleme bereitete. Erst im Gefolge langer Versuchsreihen konnte erreicht werden, daß ein Triebwerk drei bis vier Brennversuchen standhielt. Weil der einzige für diese Zwecke zur Verfügung stehende Prüfstand durch die Versuche mit Triebwerken bis 300 kg Schub voll ausgelastet war, entstand 1934 ein weiterer Prüfstand; ein dritter war zu dieser Zeit schon in der Projektierung.
1934 arbeitete die Forschungsgruppe in der Versuchsstelle West an der ersten kompletten Rakete, dem Aggregat 1 (A 1). Sie sollte 150 kg schwer sein und von einer mehrere Meter langen Abschußrinne gestartet werden. Sie wurde verworfen und ein neues Projekt, die A 2 aufgelegt. Parallel dazu begannen Arbeiten an einem neuen Triebwerk mit 1000 kg Schubleistung.
Inzwischen hatte man konkrete Vorstellungen über die militärische Verwendung von Raketen gewonnen. In einem Bericht aus dem Jahr 1934 wurden deren Vorteile klar herausgestellt:
1. Sie besaßen eine große Reichweite und Nutzlast.
2. Sie verursachten geringe Kosten in der Massenfertigung.
3. Der fehlende Rückstoß ermöglichte die Verwendung leichter und handlicher Abschußgestelle.
4. Raketen waren leicht zu handhaben.
5. Ihre variable Anfangsgeschwindigkeit gestattete eine vielseitige militärische Verwendung.

Daraus wurden folgende militärische Verwendungsmöglichkeiten abgeleitet:
1. Raketenartillerie.
2. Flugabwehrraketen.
3. Signal- und Leuchtzeichen.
4. Raketen zur Nachrichtenübermittlung.
5. Die Verwendung als Artillerie von Flugzeugen aus, um große Ziele aus größerer Entfernung bekämpfen zu können.
6. Raketen als Antrieb für lenkbare Lufttorpedos.
7. Raketen als Antrieb für Unterwassertorpedos.

Umfangreiche Versuche wurden auf dem Gelände der Versuchsstelle West mit Feststoffraketen unterschiedlicher Zweckbestimmung durchgeführt. Gesicherte Angaben dazu liegen aus den Jahren 1937, 1938 und 1939 vor. So hat man allein am 18. September 1937 143 Rauchzylinder (RZ) mit Mehlpulvertreibsätzen verschossen. Im November des gleichen Jahres waren bei Schubmessungen auf dem Prüfstand 1 (dem Pulverraketenprüfstand) 49 RZ-Raketen verbraucht worden, die Treibsätze aus Weichkornpulver hatten. Diese kleinen drallstabilisierten Raketen wurden für die Bedürfnisse der Luftwaffe entwickelt; es gab davon Abarten für den Propagandaraketenwerfer 41 des Heeres sowie zum Verschießen von Schützenminen.
Willi Klär, der ehemalige Ortschronist von Kummersdorf-Gut, wußte eine nette Anekdote über die Versuche mit den »kleinen Raketen« zu berichten. Wernher von Braun hat bei einem Experiment, Mitte der 30er Jahre, eine Schwarzpulverrakete von einem V-förmig zusammengenagelten Brett gestartet. Sie kam nicht richtig von der Startvorrichtung weg und

fiel in das Heidekraut, wo sie sich zickzackförmig weiter fortbewegte und dann an einer Bodenwelle aufrichtete. Sie startete nun unkontrolliert. Der Flug endete in der Putzlappenkiste des Bahnhofs der Schießbahn.
Unter der Leitung Dornbergers war in der Versuchsstelle West auch die Entwicklung des Rauchspurgerätes verfolgt worden. Dieses Pulverraketen-Wurfgerät verschoß 11-cm-Raketen. Dornberger selbst leitete den Truppenversuch mit dieser Waffe im Oktober 1934 auf dem Truppenübungsplatz Königsbrück. Problematisch war die große Streuung dieser Rakete und die Rauchspur der abbrennenden Raketentreibsätze, welche die Feuerstellung verriet. Deshalb bemühte sich das Heereswaffenamt von Anfang an um die Entwicklung rauchloser Treibsätze. Die Versuche führten erst im Krieg zum Erfolg und wurden bei den 15- und 21-cm-Nebelwerfern praktisch genutzt.

Unverändert schlecht gestaltete sich die Bereitstellung finanzieller Mittel für die Entwicklungsarbeiten an und Versuche mit Raketentriebwerken. Oberst Dr. Becker stellte zunächst kleine Summen des Etats der Ballistischen- und Munitionsabteilung zur Verfügung. Später, nachdem er Chef der Amtsgruppe für Entwicklung im Heereswaffenamt geworden war, mußten die übrigen Entwicklungsabteilungen ebenfalls bestimmte Beträge für die Fortführung der Arbeiten in Kummersdorf abzweigen. Erst nach einem Besuch des Generalobersten von Fritsch im März 1936, in dessen Verlauf in der Versuchsstelle West mehrere Triebwerke problemlos vorgeführt werden konnten, erhielt Dornberger eigene finanzielle Mittel. Von Fritsch machte zur Bedingung, daß eine brauchbare Waffe entstehen sollte.
Inzwischen war das Gelände in Kummersdorf viel zu klein geworden. Schon beim Verschießen von Raketen mit Feststofftriebwerken ergaben sich erhebliche Sicherheitsprobleme. Wernher von Braun hatte 1935 auf der Insel Usedom ein geeignetes Gelände gefunden. Dort wurde mit Unterstützung der Luftwaffe (sie war u.a. an der Entwicklung von Starthilfsraketen interessiert) ab August 1936 mit dem Bau einer völlig neuen, viel größeren Versuchsstelle für Raketen begonnen. Der Ort hieß - Peenemünde. Anfang Dezember 1937 erfolgte von der Greifswalder Oie der erste Raketenstart.
Wernher von Braun beschäftigte sich auch mit der Idee, Jagdflugzeuge mit einem Flüssigkeitsraketentriebwerk anzutreiben. Zunächst liefen Standversuche mit einem Triebwerk, das eine Schubkraft von 300 kp hatte. Danach wurde das Triebwerk in ein Flugzeug »Junkers jun.«

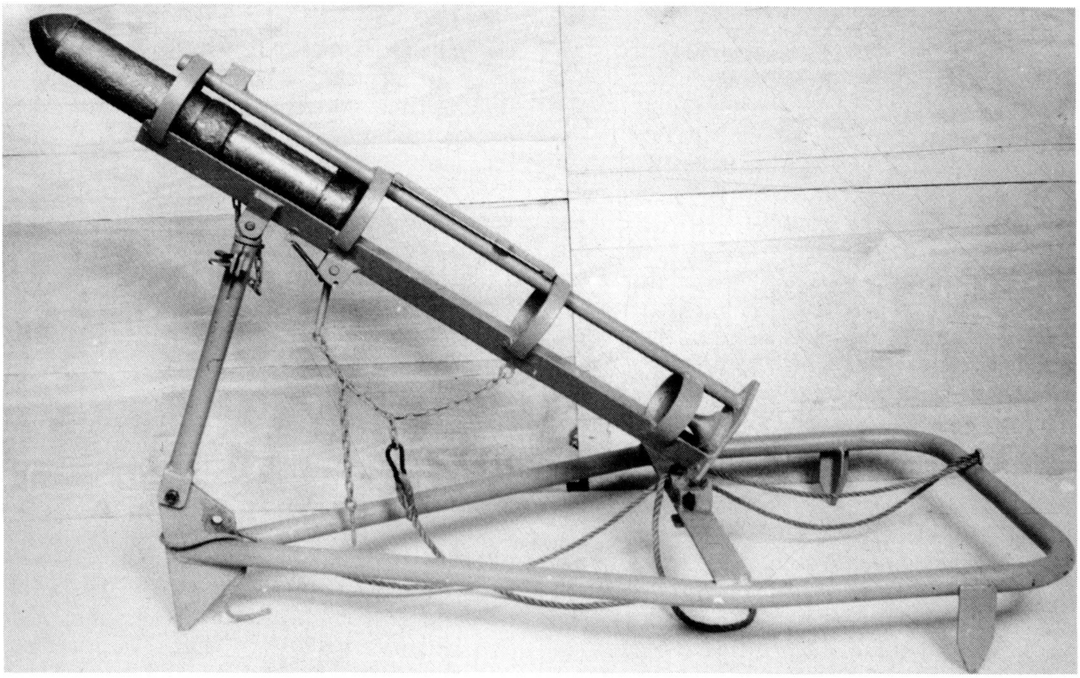

Der Propagandawerfer 41 kam bei den Propagandakompanien des Heeres zum Einsatz.

Blick auf einen ganzen Komplex von Prüfständen und Versuchsanlagen auf dem Gelände der Versuchsstelle West. Aufnahme aus dem Jahr 1987.

eingebaut. Im März 1936 führte von Braun damit in Kummersdorf erste Standversuche durch. Von diesen Versuchen bis zum ersten Raketenjäger Me-163 »Komet«, der unter Federführung von Prof. Dr. Alexander Lippisch in Augsburg entwickelt wurde, war es ein weiter Weg.

Im Mai 1937 konnte schon der größte Teil der inzwischen auf über 90 Mann angewachsenen Belegschaft der Versuchsstelle West von Kummersdorf nach Peenemünde verlegt werden. Zu dieser Zeit waren die dortigen Prüfstände noch nicht arbeitsbereit, so daß Dr. Thiel mit fünf Mitarbeitern und einigen Schlossern in Kummersdorf blieb, um als Triebwerksreferent die Arbeiten an dieser Stelle fortzuführen. Er ging im Sommer 1940 nach Peenemünde.

Inzwischen wurde an der Rakete A 3 gearbeitet, ein reines Versuchsgerät ohne Nutzlast. Die Heeresleitung forderte aber Raketen mit:

1. Großer Nutzlast.
2. Großer Treffsicherheit.
3. Großen Schußweiten.

Es begann die Projektierung der Rakete A 4, bei der 1000 kg Nutzlast und 275 km Reichweite angepeilt wurden. Für diese Entwicklung mit einem Gewicht von 12.000 kg waren Triebwerke mit 25.000 kg Schubleistung vorgesehen. Daneben sind Versuche durchgeführt worden, deren Ereignisse für die spätere Vergeltungswaffe 2 (A 4) von grundlegender Bedeutung waren. Dr. Thiel experimentierte mit Triebwerken, die aus geschweißtem Eisenblech gefertigt wurden. Erprobt wurden Strahlruder aus Graphit, welche die teuren Molybdänstrahlruder ablösten. Wichtige Fortschritte in der Entwicklung von Flüssigkeitstriebwerken erbrachten Versuche zu den Treibstoffarten und zu den Mischungsverhältnissen der einzelnen Treibstoffkomponenten, zur Formgebung der Triebwerke selbst und zu vielen anderen, damit zusammenhängenden Fragen.

Im März 1939 besuchte Hitler die Versuchsstelle West. Er sah hier zum ersten Mal Ergebnisse der Arbeiten auf dem Gebiet der Raketen mit Flüssigkeitstriebwerken. Ihm wurden Triebwerke mit Schubleistungen bis 1000 kg, am Montageturm eines Prüfstandes das Schnittmodell einer Rakete A 3 und schließlich, im inzwischen fertiggestellten großen Prüfstand, ein Brennversuch mit einer fast kompletten Rakete A 5 vorgeführt. Hitler blieb skeptisch. Er hat dann auch im Frühjahr 1940 die Raketenentwicklung aus der höchsten Dringlichkeitsstufe für Waffen- und Geräteentwicklungen herausnehmen lassen. Göring, der einige Wochen

Das Aggregat 3 (A 3) im statischen Prüfstand der Versuchsstelle West. Aufnahme aus dem Jahr 1936.

Vorführung verschiedener Raketenwerfer mit Feststoffraketen in Kummersdorf. Vorn ein 28-cm-/32-cm-Nebelwerfer 41, dahinter ein schweres Wurfgerät 41. Aufnahme aus dem Jahr 1942.

Überreste der Versuchsanlage für 24 Luftzielraketen »Föhn«. Solche Raketenbatterien waren zur Bewaffnung des Raketenjägers Bachem »Natter« vorgesehen, dessen Entwicklung im August 1944 eingeleitet wurde. Fundstück vom Gelände der Versuchsstelle West aus dem Jahr 1992.

Zu den markantesten Ergebnissen der umfangreichen Entwicklungsarbeiten und Versuche, die seit Anfang der 30er Jahre in Kummersdorf realisiert worden waren, gehörte der 15-cm-Nebelwerfer 41, von dem bis zum Ende des Zweiten Weltkrieges 5769 Stück ausgeliefert wurden.

Im September 1944 stellte das Heereswaffenamt in Kummersdorf dieses Versuchsmodell eines 8-fach-Raketenwerfers vor (BA).

Obwohl seit Ende der 30er Jahre die Raketenentwicklung schwerpunktmäßig nach Penemünde verlagert wurde, sind die Arbeiten in der Versuchsstelle West bis zum Kriegsende fortgeführt worden. 1944/ 45 experimentierte das Heereswaffenamt mit flügelstabilisierten 10-und 15-cm-Artillerieraketen nach russischem Vorbild.

später nach Kummersdorf kam, reagierte ganz anders.

Abgesehen von solchen Vorführungen, war es in der Versuchsstelle West doch erheblich ruhiger geworden. Der Schwerpunkt der Arbeiten mit Raketen, die Flüssigkeitstriebwerke hatten, war etwa zeitgleich mit dem Ausbruch des Zweiten Weltkrieges endgültig nach Peenemünde verlagert worden. Fortgeführt hat man die Versuche mit Feststoffraketen und den dazugehörigen Treibsätzen. Dazu gehörten neben den bereits genannten 15- und 21-cm-Raketenwerfern für die Nebeltruppe des Heeres, Raketenentwicklungen im Kaliber 28-, 30-, 32- und 38-cm, weiterhin Leucht- und Signalraketen. In den letzten Kriegsjahren kamen teilweise recht abenteuerlich anmutende Projekte dazu. Dornberger beschreibt in seinem Buch »Peenemünde - Die Geschichte der V-Waffe«, wie er im Jahr 1943 in der Werkstatt der Versuchsstelle West Abschußrohre, Munition und Zünder des 21-cm-Nebelwerfers 42 für die Bedürfnisse der Jagdflieger der Luftwaffe umarbeiten ließ.

Über das Geschehen in den letzten Monaten des Zweiten Weltkrieges liegen keine gesicherten Angaben vor. Die Anlagen der Versuchsstelle und alles das, was von den dort durchgeführten Arbeiten unzerstört das Kriegsende überstanden hatte, interessierte die russischen Besatzungsbehörden. Das in Kummersdorf verbliebene Personal mußte wiederholt detaillierte Berichte über die Waffen- und Geräteentwicklungen verfassen und abliefern. Wesentliche Teile der Versuchsanlagen sind als Reparationsleistungen demontiert worden. Verbliebene Reste hat die Brandenburgische Beräumungs-AG zerstört und verschrottet.

Eine Bewertung der Versuchsstelle West kann an folgenden Fakten nicht vorbeigehen: Die kleine Arbeitsgruppe um Walter Dornberger und Wernher von Braun hat sich zunächst mit grundsätzlichen Problemen der militärischen Nutzung von Raketen vertraut gemacht. Darauf aufbauend wurden in einem wechselvollen, zunächst von Geldnot und zahlreichen Rückschlägen gekennzeichneten Entwicklungsprozeß jene Voraussetzungen geschaffen, die Feststoff- und Flüssigkeitsraketen zu truppenbrauchbaren Waffen machten. Die Arbeiten an den flüssigkeitsgetriebenen Raketen hat das Heereswaffenamt nach Peenemünde verlagert. Peenemünde ist das Ergebnis zahlreicher, in Kummersdorf, auf der Versuchsstelle West, gesammelter Erfahrungen. Dornberger selbst erwähnt in seinem bereits zitierten Buch »Peenemünde - Die Geschichte der V-Waffe«: Der Prüfstand VI in Peenemünde war ein exakter Nachbau des größten Prüfstandes in Kummersdorf«.

Höhepunkt der Raketenentwicklung in Deutschland war im Zweiten Weltkrieg die Vergeltungswaffe 2 (V-2, früher Aggregat 4), die bis Mitte 1944 frontverwendungsfähig wurde. 400 Stück hat man monatlich hergestellt. Diese Waffe verlieh der waffentechnischen Entwicklung nach dem Zweiten Weltkrieg, aber auch der Entwicklung der Raumfahrt wesentliche Impulse.

Gliederung und Aufgabenverteilung

Die komplizierter werdenden Versuchsaufgaben und ihre größere Breite widerspiegelt die Struktur der Heeresversuchsstelle in den 30er Jahren, die im Zweiten Weltkrieg ihre Gültigkeit behielt. Unterschieden wurde in vier Gruppen, die vornehmlich übergeordnete Verwaltungsaufgaben zu erledigen hatten. Im Einzelnen waren das:

Gruppe I Technische Anlagen, Personalfragen, Haushaltführung, Gebäudebewirtschaftung, Geräteverwaltung und Gärtnerei.

Gruppe II Adjutantur, Versuchsdienst und Sicherheitsdienst.

Gruppe III Fahrzeugregistratur, Luftschutz, Gasschutz und Betriebsschutz.

Gruppe IV Zahlmeister und Standortarzt.

Ebenfalls im Bereich allgemeiner Aufgaben wurden tätig die Heeresstandortverwaltung (Hausverwaltung und Instandhaltung), die Heeresgutsbezirksverwaltung (Einwohnermeldeamt, Ernährungskartenstelle) und das Heeresbauamt (Neubauten).

Aufgaben im Bereich der Waffen- und Geräteerprobung erfüllte das Personal in den 20 Bezirken, einer Versuchsabteilung und einer besonderen Versuchsstelle. Hierbei sind zu nennen:

Bezirk 1 Verwaltung und Instandsetzung der Schießbahnen und Versuchsanlagen.

Bezirk 2 Instandhaltung, Vermessung und Ausgabe von Infanteriewaffen und -gerät.

Bezirk 3 Eingang und Versand sowie Ausgabe von Verbrauchsmaterial.

Bezirk 4 Instandhaltung, Vermessung und Ausgabe von Artilleriewaffen.

Bezirk 5 Instandhaltung und Betrieb von Schienenfahrzeugen der Schießplatzbahn (750 mm).

Bezirk 6 Instandhaltung und Betrieb von Räderfahrzeugen.

Bezirk 7 Fernsprechbetrieb.

Bezirk 8 Meßbezirk.

Bezirk 9 Kraftwerk und Wasserwerk.

Bezirk 10 Versuche mit Scheinwerfern und Geschützen für die Luftwaffe.

Bezirk Werkstätten: Instandsetzungswerkstätten für Infanterie- und Artilleriewaffen.

Bezirk Munitionsanstalt: Lagerung und Laborierung von Versuchsmunition.

Bezirk Leucht- und Signalmittel (L.u.S.): Lagerung und Laborierung von Leucht- und Signalmunition.

Bezirk Zünderprüfkommando: Abnahme von Zündern.

Bezirk Beschußkommando: Anschießen von Waffen.

Bezirk Untersuchungskommission: Abnahme und Vermessen von Artilleriewaffen, optischen Geräten u.a.

Bezirk Materialuntersuchungsstelle: Untersuchung von Materialien und Waffenteilen (chemisch, mechanisch, Röntgenuntersuchung).

Bezirk Heeresforschungsstelle: Versuchslaboratorien Gruppe Physik.

Bezirk Versuchsstelle Ost: Versuchslaboratorien Gruppe Chemie.

Bezirk Versuchsstelle Nord: Versuchslaboratorien Gruppe Hoch- und Niederfrequenztechnik, Gruppe Optik.

Bezirk Versuchsstelle West: Versuchsstelle für Raketen.

Bezirk Versuchsfüllstelle: Versuchsfüllstelle für Sprengstoff.

Bezirk Versuchsstelle Ballistik: Innere und äußere Ballistik für Infanteriewaffen.

Bezirk Wetterdienst: Wetterbestimmung für den Schießbetrieb.

Versuchsabteilung: Sie stellte die Soldaten für die Geschützbedienung im Schießbetrieb auf dem Platz und für Wachkommandos.

Heeresversuchsstelle für Panzer und Motorisierung (Verskraft): Sie führte Versuche mit allen Heeresfahrzeugen durch.

Damit waren fast alle Abteilungen des Heereswaffenamtes in Kummersdorf-Schießplatz vertreten, auch wenn viele Versuche hier schon nicht mehr durchgeführt werden konnten. Das Versuchsgelände unterstand im Heereswaffenamt der Amtsgruppe Prüfwesen, Abteilung 12 (Versuchsplätze) unter Oberst Böhm. Sämtliche Versuche waren bei der Schießplatzkommandantur 14 Tage vorher zu beantragen. Sie stellte dann die erforderlichen Geräte, das Material, die Fahrzeuge und das Personal zur Verfügung. Sie nahm auch, wenn notwendig, Absperrungen vor. Alle den fachlichen Teil der Versuche betreffenden Fragen wurden von den zuständigen Abteilungen des Heereswaffenamtes direkt an den jeweiligen Bezirk in Kummersdorf gegeben. Die Kommandantur in Kummersdorf hatte keinen Einfluß auf den Inhalt der Versuche.

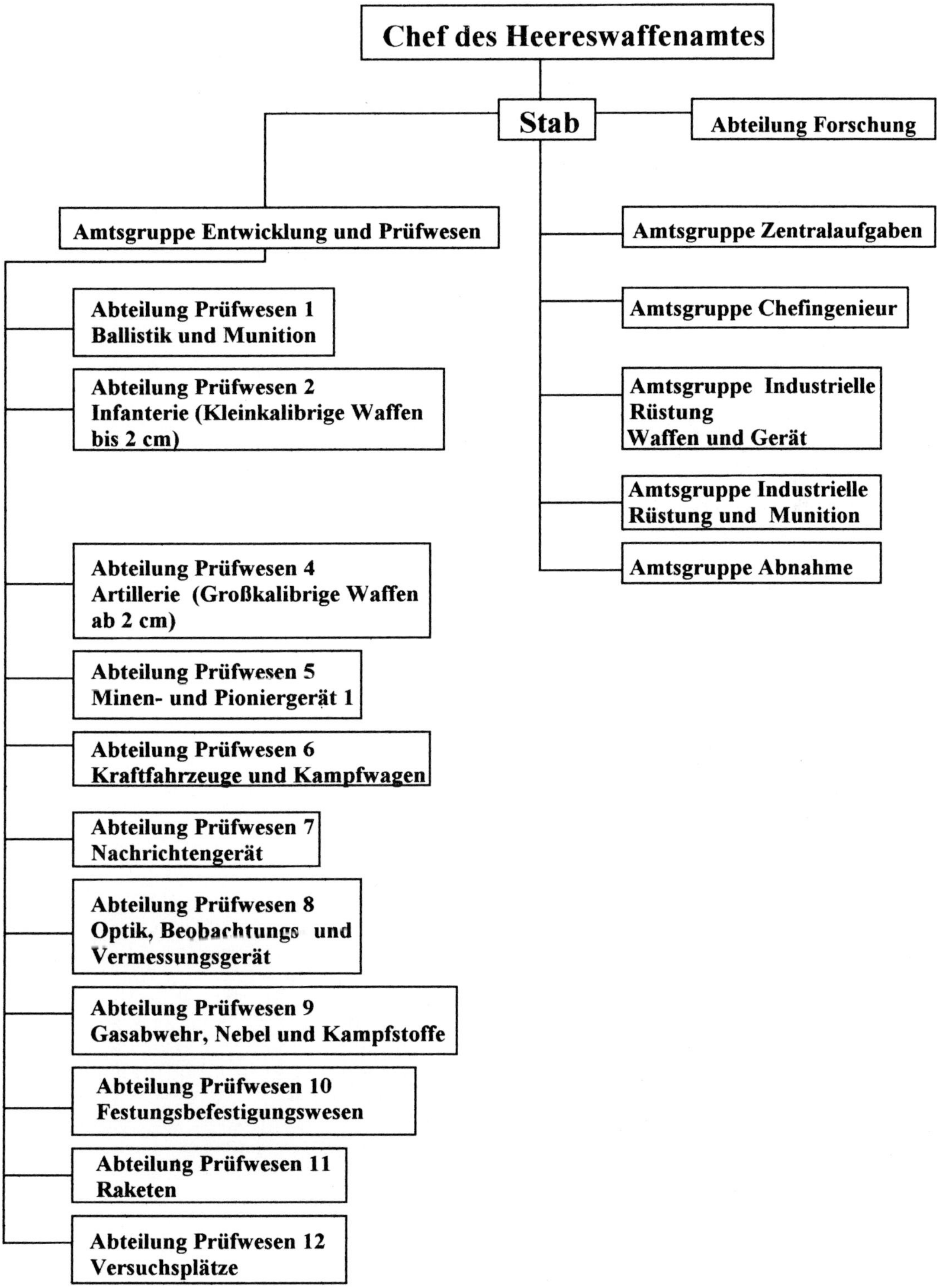

Die Gliederung des Heereswaffenamtes 1940-1944.

Die Kommandantur des Schießplatzes in den 30er Jahren.

Blick auf die »Beamtensiedlung« in Kummersdorf-Schießplatz. Aufnahme aus den 30er Jahren.

Die Einweihung der Heeresarbeitersiedlung in Kummersdorf-Schießplatz am 17. April 1937.

Die Zunahme der Versuchsarbeiten und aller damit zusammenhängender Aufgaben in den Bereichen Bautätigkeit, Unterhaltung der Gebäude und Betriebsanlagen, der Logistik und der Verwaltung führte zu einer Aufstockung des Personalbestandes. Es stieg die Zahl der in Kummersdorf beschäftigten Arbeiter, Angestellten und Beamten ebenso an, wie die der hierher kommandierten Soldaten, Unteroffiziere und Offiziere. Hinzu kam, daß die Tätigkeiten in der Heeresversuchsstelle sehr interessant waren, die Entlohnung nicht weniger. So erhielt ein Kraftfahrer in der Kraftfahrversuchsstelle einen Stundenlohn von 0,79 Reichsmark. Dazu gehörte die sogenannte Panzerzulage von 0,20 Reichsmark für Fahrer von Kettenfahrzeugen. Monatlich konnten so bis zu 200 Reichsmark verdient werden. Bei einem Munitionsarbeiter waren das 150 und bei einem Beamten 250 Reichsmark.
Um die teilweise hochspezialisierten Arbeitskräfte mit ihren Familien enger an die Heeresversuchsstelle zu binden, stellte die Heeresverwaltung zu Beginn der 30er Jahre Überlegungen an, wie durch den Bau von Wohnsiedlungen die soziale Lage der Beschäftigten verbessert werden könnte. Viele Mitarbeiter wohnten in den umliegenden Ortschaften und konnten das gut ausgebaute 600-mm-Schmalspur-Eisenbahnnetz für den Weg zu ihren Arbeitsplätzen nutzen. Trotzdem gab es Probleme. Die Versuchsaufträge nahmen an Zahl und Umfang zu, teilweise wurde auf den Schießbahnen nun schon wieder nachts geschossen. Unregelmäßigkeiten in der Arbeitszeit waren die Folge. Viele der Mitarbeiter kamen nach Dienstschluß nicht mehr in ihre Heimatorte. Deshalb war bereits zwischen 1933 und 1936 in der Nähe des Bahnhofs eine Wohnsiedlung für die Beamten und ihre Familien gebaut worden.
Am 24. Juni 1936 wurde der erste Spatenstich für den Bau der ersten Heeresarbeitersiedlung getan. Nach kurzer Zeit, im Dezember 1936, waren einige Häuser bezugsfertig. Zunächst war vorgesehen, 16 Einzel- und 23 Doppelhäuser zu errichten. 600 qm Garten umgaben jedes Anwesen. Zwischen der Heeresstandortverwaltung und dem jeweiligen Mieter sind dann Mietverträge mit zwei Jahren Laufzeit abgeschlossen worden, die bei Bedarf verlängert werden konnten. Zur Siedlung zählte noch ein kleines Wasserwerk und ein Gemeinschaftshaus. Am 17. April 1937 wurde die Heeresarbeitersiedlung Kummersdorf in Anwesenheit des General der Artillerie, Prof. Dr. h. c. Dr. Becker, des Leiters des Heereswaffenamtes, Prüfwesen und anderer Persönlichkeiten eingeweiht. Der weitere Ausbau dieser Siedlung kam 1939 zu einem gewissen Abschluß.

Im Gefolge der raschen Entwicklung des Versuchsgeländes in der zweiten Hälfte der 30er Jahre war ein spürbares Anwachsen der Einwohnerzahlen in Kummersdorf-Schießplatz zu verzeichnen. 1937 lebten hier 599 Menschen, eine Zahl, die sich bis 1939 einschließlich der Versuchseinheiten mit 1477 Bewohnern mehr als verdoppelte.

Aufmarsch der Belegschaft aus den einzelnen Bezirken der Heeresversuchsstelle Kummersdorf zum Sportfest 1937.

Impressionen vom Sportfest 1937.

Versuchsschießen mit der 2-cm-Fliegerabwehrkanone in Erdkampflafette. WaPrüf 2 experimentierte zunächst in Kummersdorf, im Krieg auch in Norwegen mit dieser Waffe. Für den Truppenversuch waren 100 Stück beschafft worden. Anfang 1944 wurden die Arbeiten eingestellt.

Infanteriewaffen auf dem Prüfstand

Die komplizierte Struktur der Versuchstätigkeit soll am Beispiel der Infanteriewaffen deutlich gemacht werden:
Mit Infanteriewaffen wurden innen- und außenballistische Spezialversuche durchgeführt, welche von den Herstellern aus Ermangelung geeigneter Meßgeräte nicht durchzuführen waren. Weiterhin hat das Heereswaffenamt alle dort schon vorgenommenen Messungen noch einmal überprüft. Vorgenommen wurden:

1. Funktionsbeschüsse.
2. Geschwindigkeitsmessungen.
3. Schußfolge.
4. Trefferbilder.
5. Zeitwegkurven.
6. Mündungsfeuer.
7. Zündverzug.
8. Zeitlupenaufnahmen an automatischen Waffen.
9. Röntgenaufnahmen (Schalldämpfer, Hohlladung).
10. Trägheitsmomentbestimmungen.
11. Panzerplattenbeschüsse.
12. Schußtafeln.
13. Dauer-Abnutzungsbeschüsse.
14. Waffenversuche in Klimaanlagen.
15. Flugzeitmessungen.
16. Rückstoßkräfte.
17. Waffentemperaturmessungen.
18. Laufschwingungen.
19. Gasdruckverlaufsmessungen.

Der Erfinder des Maschinengewehrs 42, Professor Gruner, nach 1953 Inhaber eines Lehrstuhls an der Technischen Universität Dresden, war insgesamt fünfmal in Kummersdorf-Schießplatz. Er berichtete über die ersten Versuche mit der zunächst Maschinengewehr 39 genannten Entwicklung: »Die Heeresversuchsstelle wurde nur ganz am Anfang der Entwicklungsarbeiten in Anspruch genommen (1937). Zur Verfügung stand eine Schlosserwerkstatt ... und ein üblicher Infanterieschießstand. Die Versuchsobjekte wurden unter Verschluß gehalten ..., im Pkw der Firma Großfuß nach Kummersdorf transportiert und am selben Tag wieder zurückgebracht.« Maßgeblichen Einfluß auf die Fortentwicklung der Waffe nahm Dr. Ing. Peter, Referent des Heereswaffenamtes, Abteilung Prüfwesen 2 Infanterie (kleinkalibrige Waffen bis 2 cm). Er galt als Verfechter der Anwendung von Stahlblechen, was ihm

1940 sind dem Heereswaffenamt/WaPrüf 2 erste Versuchsmuster vollautomatischer Infanteriegewehre zur Erprobung vorgelegt worden. Obwohl diese Entwicklung offiziell nicht gefördert wurde, führte sie über die Maschinenpistole 43 zum Sturmgewehr 44. Im Bild die Maschinenpistole 43 beim Kältetest in Norwegen.

Vergleichserprobung zwischen dem Maschinengewehr 34 und einer zunächst als Maschinengewehr 39 bezeichneten Versuchswaffe. Dr. Gruner von der Firma Großfuß/Döbeln hatte mit seinen Patenten die Entwicklung dieser schnellschießenden Waffe wesentlich gefördert - sie wurde als Maschinengewehr 42 eingeführt.

Versuchsschießen unter extrem niedrigen Temperaturen im Winter 1941/42 in Norwegen.

Funkenfotografische Aufnahme eines fliegenden Geschosses. Für solche Versuche wurde die Forschungsabteilung des Heereswaffenamtes hinzugezogen. Daneben traten teils zivile Einrichtungen wie die Deutsche Versuchsanstalt für Handfeuerwaffen, Berlin-Halensee in Erscheinung.

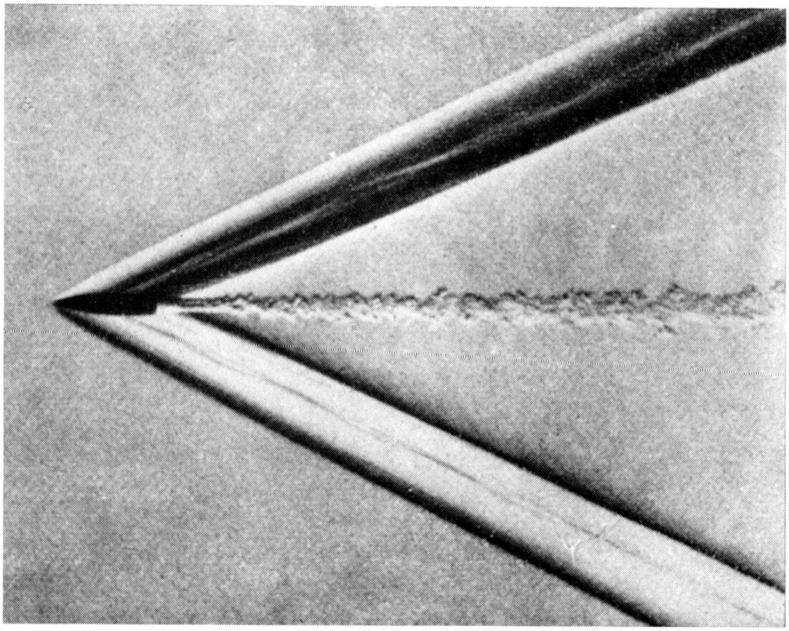

Bildreihe Geschoßwirkung beim Durchdringen eines Körpers. Solche Bildserien lieferten der Forschung wichtige Erkenntnisse über den Ablauf derartiger, mit bloßem Auge nicht zu erfassender Vorgänge.

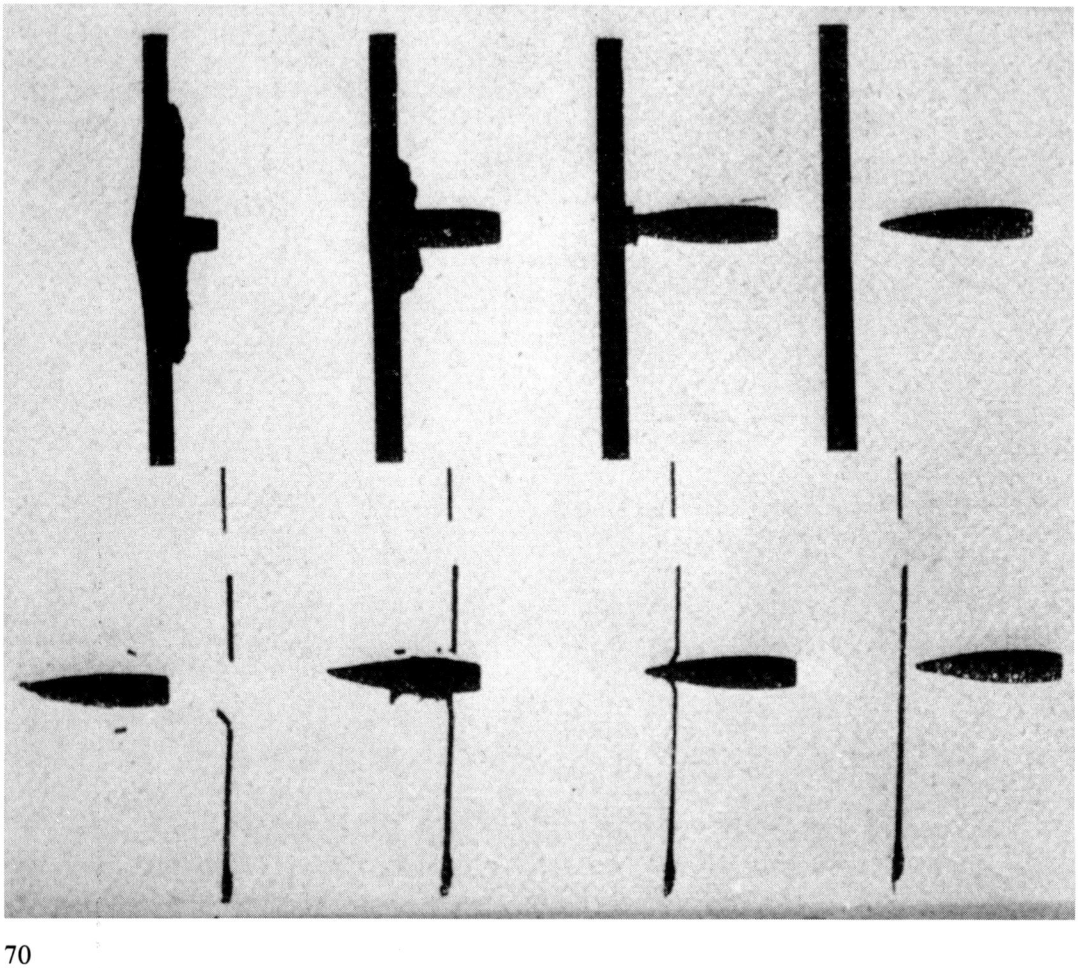

den Beinamen »Blech-Peter« eingebracht hatte.
1940 forderte das Heereswaffenamt von Gruner die Erhöhung der Schußfolge des Maschinengewehrs 39 von 18 auf 25 Schuß je Sekunde. Diese Aufgabe konnte bis zum Jahresende gelöst werden. Bei abschließenden Dauererprobungen des Maschinengewehrs auf der dazugehörigen Lafette sind im Beisein eines Protokollführers über 400.000 Schuß abgegeben worden.
Über die Arbeit bei der Abteilung WaPrüf 2 berichtet auch Helmut Wohlauf, der 1935 in Kummersdorf eine Anstellung als Schlosser fand. Unter der Leitung von Amtmann Döring sind Reparaturen an automatischen Waffen ausgeführt worden. Es waren spezielle Halterungen zu bauen, in einem Fall mußte ein besonderes Kreiskornvisier hergestellt werden. Für Versuche mit dem Maschinengewehr 34 kam der Ingenieur Stange extra aus Sömmerda. Längere Zeit wurde ein Verschluß aus einer speziellen Chromnickelstahllegierung erprobt. Nach Auskunft von Wohlauf sind bei Dauerbeschüssen täglich bis zu 40.000 Schuß abgegeben worden. Anschließend begann die Fehlersuche. Alle Werte haben die Referenten auf das Genaueste protokolliert.
Am Bensbergsee ermittelte WaPrüf 2 Flugbahnbilder von Maschinenwaffen, um Angaben über die Streuung einzelner Geschoßgarben zu erhalten. Weitere Aufträge betrafen Vergleichsschießen zwischen deutschen und erbeuteten Maschinengewehren. In Meßhäusern wurden die Geschosse im Flug fotografiert.
1938 beschäftigte man sich intensiv mit der Entwicklung eines automatischen Granatwerfers für den Westwall. Hitler kam in diesem Jahr auf den Platz, um sich den 5-cm-Werfer M-19 vorführen zu lassen. Er hat bei dieser Gelegenheit versagt.
Noch vor dem Zweiten Weltkrieg, offensichtlich auf Grund von Erfahrungen aus dem Panzereinsatz in Spanien, führte das Heereswaffenamt unter der Leitung von Regierungsbaurat Telz Wirkungsschießen mit Maschinengewehren auf Panzerfahrzeugen durch. Dazu verlegte man ein Arbeitskommando vom Kummersdorf nach Hillersleben. Auf dem Schießplatz in dem freigeräumten Dorf Salchau wurden drei Maschinengewehre 34 in Stellung gebracht. In 400 m Entfernung standen drei mit »Dummys« besetzte Panzerkampfwagen I bereit. Sie fuhren ferngesteuert bis auf 100 m vor die Feuerlinie der Maschinengewehre und wurden während dessen mit Stahlkernmunition beschossen. Referenten des Heereswaffenamtes werteten die Ergebnisse dieser Versuche anschließend aus.
Im November 1939 erhielt Helmut Wohlauf den Einberufungsbefehl zur Technischen Versuchskompanie in Kummersdorf-Schießplatz. Ihr Personal wurde mit Waffenversuchen beauftragt, die in Nordafrika, Norwegen und ab 1941 an der Ostfront zur Durchführung kamen.
Weitere Versuche, die in Kummersdorf durchgeführt wurden, hatten das Zerlegerschießen mit 2-cm-Waffen, die Entwicklung sparstoffreier Munition, die Munitionsabnahme und Lagerhaltung sowie die Vermessung von Waffen zum Inhalt. Insbesondere die Entwicklung sparstoffreier Munition (ohne Kupfer, ohne Messing), die im Zweiten Weltkrieg breite Anwendung finden sollte, war langwierig. Viele Versuchsschießen waren erforderlich, ehe die gebonderten und mit Einbrennlack versehenen Stahlhülsen truppenvewendungsfähig wurden.

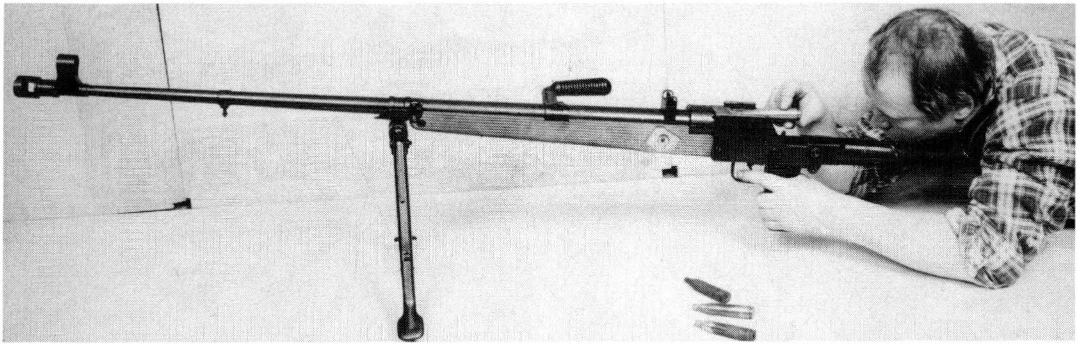

Ende der 30er Jahre untersuchte die Inspektion 2 Infanteriewaffen zur Panzerbekämpfung. Überprüft wurden die Waffen mit zylindrischen und mit konischen Läufen. Zur Einführung gelangte zunächst die Panzerbüchse 38 und 39.

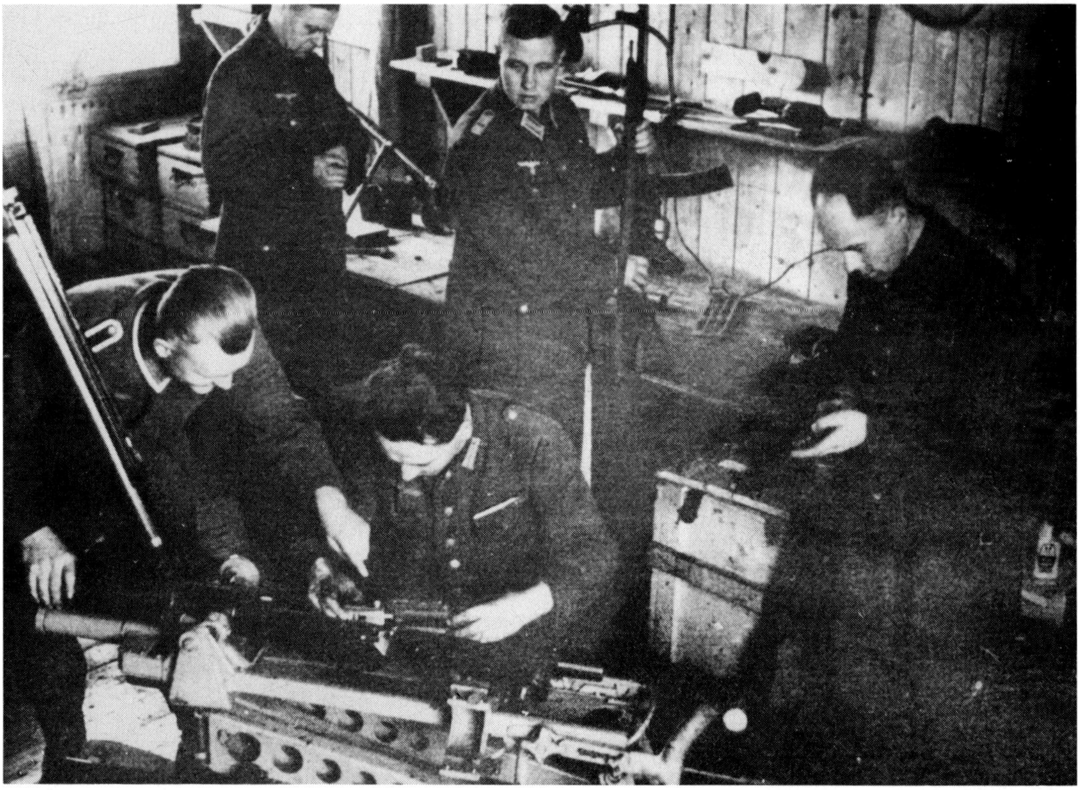

Kleinere Änderungen und Reparaturen nahmen die Angehörigen der Technischen Versuchskompanie (TVK) aus Kummersdorf an den Waffen selbst vor. Sämtliche Arbeiten, hier an der 2-cm-Fliegerabwehrkanone in Erdlafette, mußten protokolliert werden.

Ein Versuchskommando aus Kummersdorf untersucht 1941 in Nordafrika Funktionssicherheit und Leistungsfähigkeit verschiedener Infanteriewaffen unter extremer Hitze- und Staubeinwirkung. Darunter Maschinenpistolen, Maschinenkarabiner und -gewehre, weiterhin die schwere Panzerbüchse 41.

Erprobung der 2-cm-Fliegerabwehrkanone in Erdkampflafette in Norwegen.

Bei Bewegungsübungen wurden die Möglichkeiten der Fortbewegung im Mannschaftzug überprüft. Die Waffe ist auf Schlittenkufen gelagert; das Rohr wurde abgenommen und an der Lafette befestigt.

Waffenerprobung unter komplizierten Bedingungen

Die zwei folgenden Beispiele sollen dazu dienen, eine Vorstellung über die bei Versuchsschießen verwendeten Munitionsmengen zu bekommen:

1. Funktionsbeschüsse sowie Dauer- und Abnützungsbeschüsse an automatischen Waffen (bis 3,7-cm-Kaliber) wurden durchgeführt, indem bei normaler Temperatur 10 Schuß Einzelfeuer, und dann 1000 Schuß Dauerfeuer wurden. Bei einwandfreier Funktion der Waffe wiederholte man das in der Klimaanlage bei + 5 Grad, + 4 Grad, — 5 Grad und — 20 Grad. Gab es auch hier keine Beanstandungen, führte man den Versuch in der Staubkammer bei + 40 Grad in gleicher Reihenfolge durch.
2. Der ehemalige Schlosser aus der Artilleriewerkstatt, Willi Klär, berichtete über den Ablauf des Dauerbeschusses bei einer 15-cm schweren Feldhaubitze 18, bei dem er anwesend war. Es wurde insgesamt 36 Stunden mit der üblichen Feuergeschwindigkeit, die bei 2 - 4 Schuß pro Minute lag, geschossen. Auftretende Schäden mußten mit dem vorhandenen, truppenüblichen Werkzeug beseitigt werden.

Für das Messen der Anfangsgeschwindigkeit von Geschossen aller Art stand auf der Nebenbatterie Ost eine alte, in den 20er Jahren installierte Gitteranlage zur Verfügung, die nur für das Schießen bei 0 Grad Erhöhung geeignet war. Vor dem Einschußwall waren zwei mit Kupferdraht bespannte Gitterrahmen aufgehängt. In einem nahe gelegenen Meßhaus ermittelte man die Zeitdifferenz beim Durchschießen beider Rahmen. Nach jedem Schuß mußten die Rahmen neu bespannt werden. Ein umständliches Verfahren, das den Anforderungen des Schießbetriebes in den 30er Jahren nicht mehr genügte. Deshalb installierte man 1934 vor der Hauptbatterie Ost zunächst einen Gitterturm mit eingehängter Spule, die unter beliebigem Erhöhungswinkel durchschossen werden konnte. Später traten weitere Möglichkeiten zur Geschwindigkeitsmessung hinzu. Die »Vorschrift für das Schießen und Sprengen auf dem Versuchsplatz Kummersdorf« vom 25. Oktober 1943 nennt in einer Versuchsanmeldung (Musterblatt) folgende Verfahren: Gitter, Spule, Boulenge, Oszillograf und V₀-Meßkamera.

Umfangreich waren auch die Versuche, die zur Überprüfung der Durchschlagleistung von beton- und panzerbrechenden Geschossen dienten und vermutlich unmittelbar vor Beginn des Zweiten Weltkrieges durchgeführt wurden. Dazu errichtete das Militärbauamt auf dem abschließenden Geländestück der Schießbahn West, zwischen den Beobachtungsbunkern 6806 m und 7135 m ein umfangreiches und vielgestaltiges Zielfeld. Über 20 Betonziele hatte man dort errichtet, die sämtlich unterschiedliche Stahlbewehrungen aufwiesen, darunter solche mit Metallschindeln. Die Ziele waren etwa 4 m breit, über 2 m hoch und 1,8 m tief. Eine weitere Zielgruppe an der rechten Seite des Zielfeldes zeigt heute noch Reste von Waffenständen, Betongewölben und einem zuckerhutähnlichen Bunker mit einer Verlustverschalung aus Wellblech und einer äußeren Schicht aus Stahlfaserbeton. Ergebnisse intensiver Versuchsbeschüsse kamen offenbar auch dem Festungsressort im Heereswaffenamt zugute.

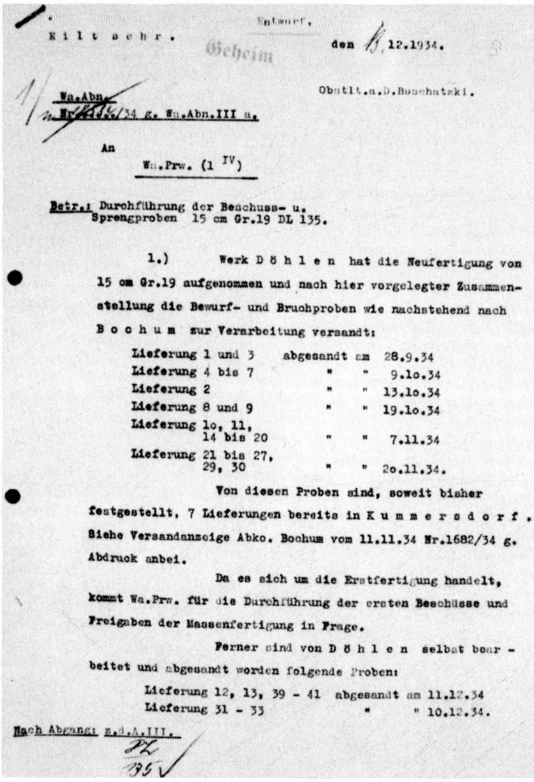
Entwurf.

Eilt sehr. Geheim den 1?.12.1934.

Obstlt.a.D.Buschatzki.

Wa.Abn.
Nr..../34 g. Wa.Abn.III a.

An
Wa.Prw. (1 IV)

Betr.: Durchführung der Beschuss- u. Sprengproben 15 cm Gr.19 DL 135.

1.) Werk Döhlen hat die Neufertigung von 15 cm Gr.19 aufgenommen und nach hier vorgelegter Zusammenstellung die Bewurf- und Bruchproben wie nachstehend nach Bochum zur Verarbeitung versandt:

Lieferung 1 und 3 abgesandt am 28.9.34
Lieferung 4 bis 7 " " 9.10.34
Lieferung 2 " " 13.10.34
Lieferung 8 und 9 " " 19.10.34
Lieferung 10, 11, 14 bis 20 " " 7.11.34
Lieferung 21 bis 27, 29, 30 " " 20.11.34.

Von diesen Proben sind, soweit bisher festgestellt, 7 Lieferungen bereits in Kummersdorf. Siehe Versandanzeige Abko. Bochum vom 11.11.34 Nr.1682/34 g. Abdruck anbei.

Da es sich um die Erstfertigung handelt, kommt Wa.Prw. für die Durchführung der ersten Beschüsse und Freigaben der Massenfertigung in Frage.

Ferner sind von Döhlen selbst bearbeitet und abgesandt worden folgende Proben:

Lieferung 12, 13, 39 - 41 abgesandt am 11.12.34
Lieferung 31 - 33 " " 10.12.34.

Nach Abgang: z.d.A.III.

Akten, welche verbindliche Aussagen zur Tätigkeit des Heereswaffenamtes in Kummersdorf gestatten, sind nur vereinzelt erhalten geblieben. In diesem Schreiben vom Dezember 1934 ging es darum, schnellstmöglich Probeschüsse mit 15-cm-Granaten 19 durchzuführen, welche für die schwere Feldhaubitze vorgesehen waren.

Zielgruppe auf der Schießbahn West.

Ein weiteres betoniertes Ziel auf der Schießbahn West - ein kugelförmiger Bunker. Im Inneren ist eine sogenannte Verlustschalung aus Wellblech; außen aufgebracht wurde eine Zerschellschicht aus Stahlfaserbeton.

Im November 1935 führte das Heereswaffenamt/WaPrw 1/IV in Kummersdorf Sprengversuche mit 10-kg-Bomben SC-10 am Panzerkampfwagen I durch. Das Ergebnis wurde so zusammengefaßt: »Panzerkampfwagen I boten hinreichenden Schutz, wenn der Sprengmittelpunkt der Bombe nicht weniger als einen Meter von der Turmdecke entfernt war.«

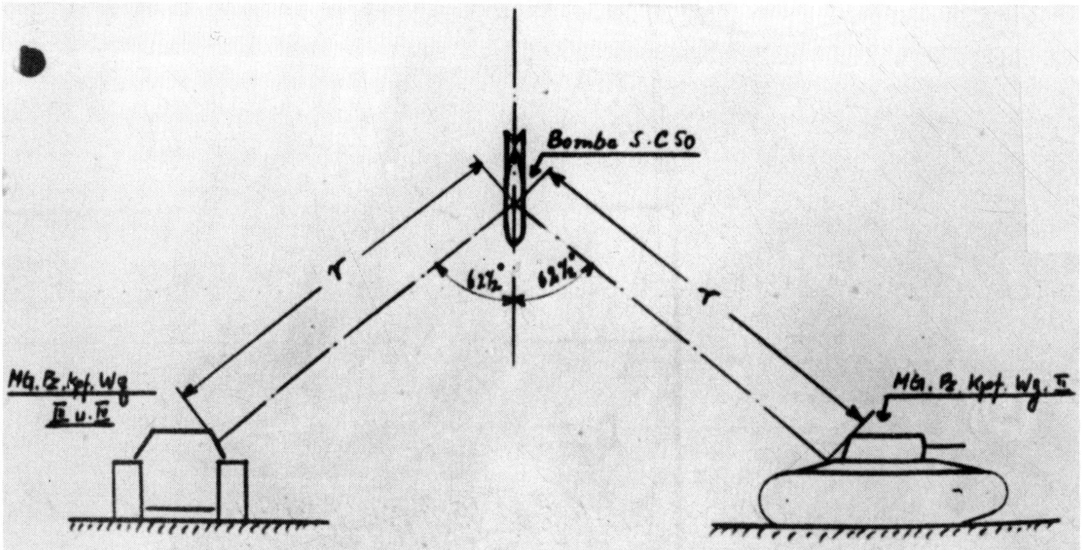

Schon im Juni 1936 setzte das Heereswaffenamt die Sprengversuche mit Bomben der Luftwaffe fort. Die Zeichnung zeigt die dabei gewählte Versuchsanordnung. Diesmal wurden Bomben SC-50 aufgehängt und drei Panzerkampfwagen I in verschiedenen Winkeln zum Sprengmittelpunkt aufgestellt.

Die Splitterwirkung der 50-kg-Bomben vom Versuch am 23. Juni 1936. Die Panzerung des Wagens bot vollkommenen Schutz gegen SC-50-Bomben, wenn deren Sprengmittelpunkt in 10 m Entfernung lag. Bei weiteren Versuchen dieser Art sind Schäferhunde eingesperrt worden, die keine physischen und psychischen Schäden zeigten.

Durch Akten belegt ist die Erprobung von Elektron-Brandbomben durch die Luftwaffe in Kummersdorf. Bereits 1935/36 hatte man in Zusammenarbeit mit der Luftwaffe weitere interessante Versuche durchgeführt. Untersucht werden sollte die Wirkung von Sprengbomben gegen Panzer. Dafür verwendete man ausrangierte Panzerkampfwagen I und II, die in unterschiedlichen Abständen und Winkeln zu Gestellen standen, an denen Sprengbomben SC 19 und SC 50 hingen. Es wurden Hoch- und Tiefangriffe simuliert. Fritz Behnisch, ehemaliger Fahrer in der Kraftfahrversuchsstelle Kummersdorf, berichtete darüber, daß 1938/39 diese Versuche mit fahrenden Panzerfahrzeugen fortgeführt wurden, die man im Tiefangriff mit Bordwaffen beschoß.
Die Abteilung WaPrüf 1 (Munition) überprüfte fortlaufend die Sprengkraft und die Splitterbildung von Granaten auf dem Versuchsgelände beim Forsthaus Adlerhorst. Im Zentrum der kreisrunden Anlage brachte man die Granaten zur Zündung. Die sich beim Zerknall des Geschosses bildenden Splitter konnten dann an den in verschiedenen Abständen angebrachten Holzwänden ausgezählt werden. Jeder Splitter ist danach exakt gewogen worden. Eine Arbeit, die vor allem von den Frauen in der Munitionsanstalt Kummersdorf erledigt werden mußte.
Im Zusammenhang mit neuen waffentechnischen Entwicklungen soll nicht unerwähnt bleiben, daß 1939 auf der Schießbahn Ost, in der Nähe der großen Wippe, vermutlich zum ersten Mal ein Geschütz, eine leichte Feldhaubitze 18, mit einem Hubschrauber an einer Seilaufhängung in der Luft transportiert wurde.

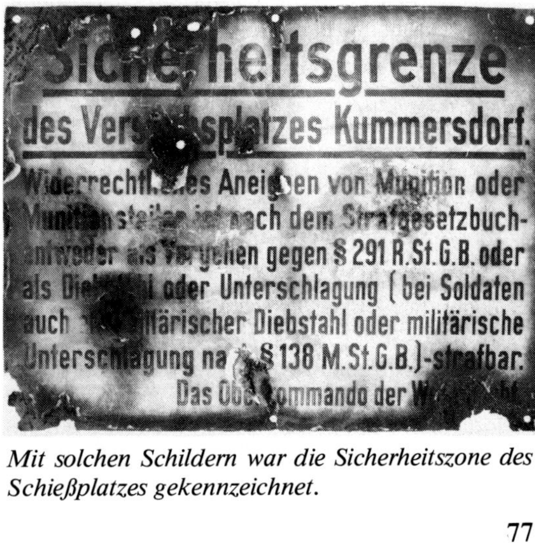

Mit solchen Schildern war die Sicherheitszone des Schießplatzes gekennzeichnet.

Versuche mit panzerbrechender Munition

Auf dem Schießplatz Kummersdorf begann der Weg einiger bemerkenswerter waffentechnischer Entwicklungen, die noch in der Gegenwart im modernen Militärwesen von ihrer Bedeutung nichts verloren haben. Wie bereits an anderer Stelle berichtet, war 1931 der Oberingenieur Gerlich mit seiner Waffe mit konischem Lauf an der ablehnenden Haltung des Heereswaffenamtes gescheitert. Im Herbst 1934 griff das Heereswaffenamt die Ideen Gerlichs auf. Bis 1936 gelang es mit Unterstützung der Magdeburger Firma Polte, erste positive Resultate zu erzielen. Waffen und Munition wurden ausschließlich auf den Schießbahnen in Kummersdorf erprobt, weshalb in der waffentechnischen Fachliteratur auch an Stelle des Begriffs »konisches Prinzip« vom »Kummersdorf-Prinzip« oder »Kummersdorf-Geschoß« die Rede ist. Geschosse dieser Bauart wurden in den vergangenen Jahren massenhaft gefunden, wenngleich es sich dabei vorwiegend um Hartkerngeschosse ohne Sprengladungen und blindlaborierte Sprenggranaten der Kaliber 2,8-cm, 4,2-cm und 7,5-cm handelte.
Eine andere bahnbrechende Entwicklung, die mit dem sogenannten »Hohlladungseffekt« verbunden war, führte ebenfalls zu wirkungsvollen Panzerabwehrwaffen. Dazu liefen im Auftrag des Heereswaffenamtes geheime Versuche. Zwar hatte man zu Beginn der Arbeiten noch keine wissenschaftlich fundierte Erklärung für das Zustandekommen dieses Effektes, auch war die Leistungsentwicklung noch nicht absehbar, aber man bemühte sich, die bereits empirisch ermittelten Durchschlagleistungen für neue Panzerabwehrwaffen und -munition zu verwerten. Drei Entwicklungsrichtungen zeichneten sich ab:

1. Pionierhohlladungen
2. Gewehrgranaten
3. Hohlladungsmunition für Geschütze

Die Versuche leitete Major Schweninger, sie waren so weit fortgeschritten, daß per 21. Juni 1940 »panzerbrechende Geschosse mit großer Splitterwirkung« für 7,5-cm-Geschütze verschiedener Bauart eingeführt werden konnten.

Bis 1937 hatte die Entwicklung von Infanteriegeschützen und Geschützen der Gebirgs- und Feldartillerie einen gewissen Abschluß gefunden. Entsprechendes Gerät befand sich zu diesem Zeitpunkt in Großserienproduktion und floß mit zunehmenden Stückzahlen in die Ausstattung der Wehrmachtsverbände. Damit trat in Kummersdorf eine gewisse Beruhigung ein. Schwere Geschütze der Heeresartillerie wurden auf den Schießplätzen Hillersleben/Sachsen-Anhalt und Rügenwald/Pommern erprobt, wo Schußweiten von 20 km und mehr möglich waren (Kummersdorf maximal etwa 12 km).
Es blieb die Arbeit mit der panzerbrechenden Munition für die Geschütze der Feldartillerie, für die Infanterie- und Panzerjägergeschütze. Dafür und für Versuche mit neuen Geschoßkörpern, mit neuentwickelten Hülsen und deren Laborierung, für besondere Schießverfahren und für vieles andere mehr befand sich in Kummersdorf ständig eine bestimmte Anzahl von Geschützen. Im Krieg waren das mit je zwei oder drei Exemplaren:

Eine Panzergranatpatrone (Üb) für die 2,8-cm-schwere-Panzerbüchse 41. Das Geschoß wurde im Zuge der Fortbewegung im Lauf der Waffe auf einen Durchmesser von 20 mm zusammengepreßt. Die Anfangsgeschwindigkeit lag bei 1430 m/s; auf 100 m konnten 60 mm Panzerstahl durchschlagen werden.

Offiziere, Feuerwerker und zivile Arbeiter des Heereswaffenamtes bei der Einweisung für das Versuchsschießen mit der 2,8-cm-schweren-Panzerbüchse 41. Geschossen wurde auf französische und englische Beutepanzer. Ostende im Juli 1940.

Truppenversuch mit der 2,8-cm-schweren-Panzerbüchse an der Ostfront.

Fragment des Versuchsmodells einer 2,8-cm-schweren-Panzerbüchse 41 mit Fallkeilverschluß. Fundstück aus Kummersdorf, Mitte der 80er Jahre.

— die 15-cm schwere Feldhaubitze
— die 10-cm schwere Kanone 18
— die 10,5-cm leichte Feldhaubitze 18
— die 7,5-cm leichte Feldkanone 16
— das 15-cm schwere Infanteriegeschütz 33
— das 7,5-cm leichte Infanteriegeschütz 18
— die 3,7-cm Panzerabwehrkanone
— die 5-cm Panzerabwehrkanone 38
— die 7,5-cm Panzerabwehrkanone 40
— die 7,62-cm Panzerabwehrkanone 36

Über die Entwicklung panzerbrechender Munition für die Infanterie berichtete der ehemalige Stabsfeuerwerker K. H. Badstein von der ballistischen und Munitionsabteilung, der zwischen 1936 und 1945 in Kummersdorf Dienst tat. Es war ein langer Weg, um Gewehrgranaten mit Hohlladung zur Truppenbrauchbarkeit zu bringen. Endlose Versuchsreihen waren notwendig, um das richtige Verhältnis von Durchschlagleistung, Schußweite und Treffgenauigkeit zu ermitteln. Erprobt wurden weiterhin Panzerabwehrhandgranaten.

Das »Kummersdorf-Prinzip«, das heißt Waffen mit konischen Läufen und Flanschgeschossen gab es auch noch im Kaliber 4,2 und 7,5 cm. Im Bild die 7,5-cm-Panzerabwehrkanone 41 im Truppenversuch (BA).

Hohlladungsgeschosse für die Artillerie und leichte Flak: (von links nach rechts) 7,5-cm-Infanteriegranate 38/HL A für das leichte Infanteriegeschütz, 7,5-cm-Granate 38/HL B und 6,6-cm-Granate HL für die 2-cm-Flak 30 und 38 mit Schießbecher.

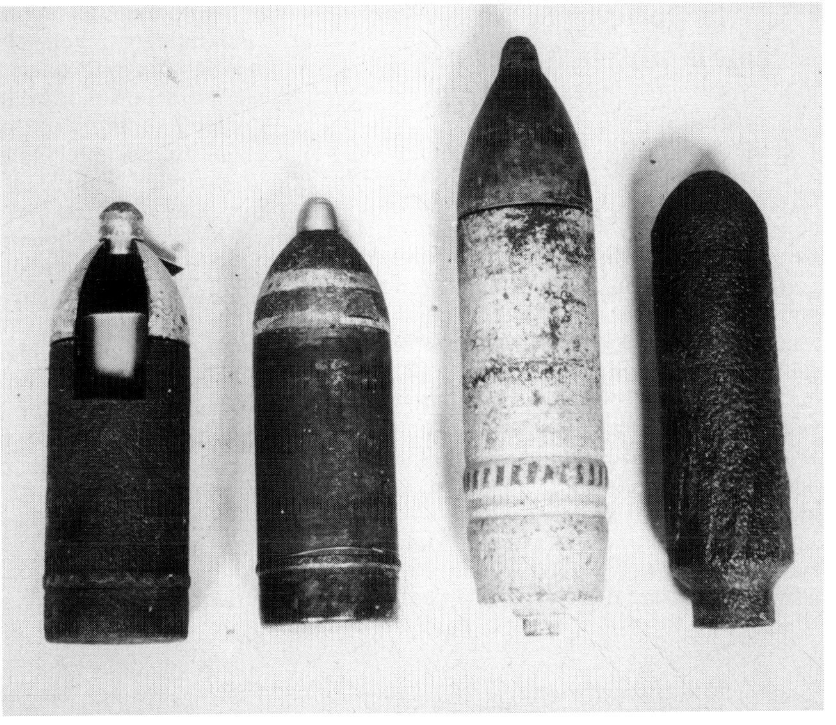

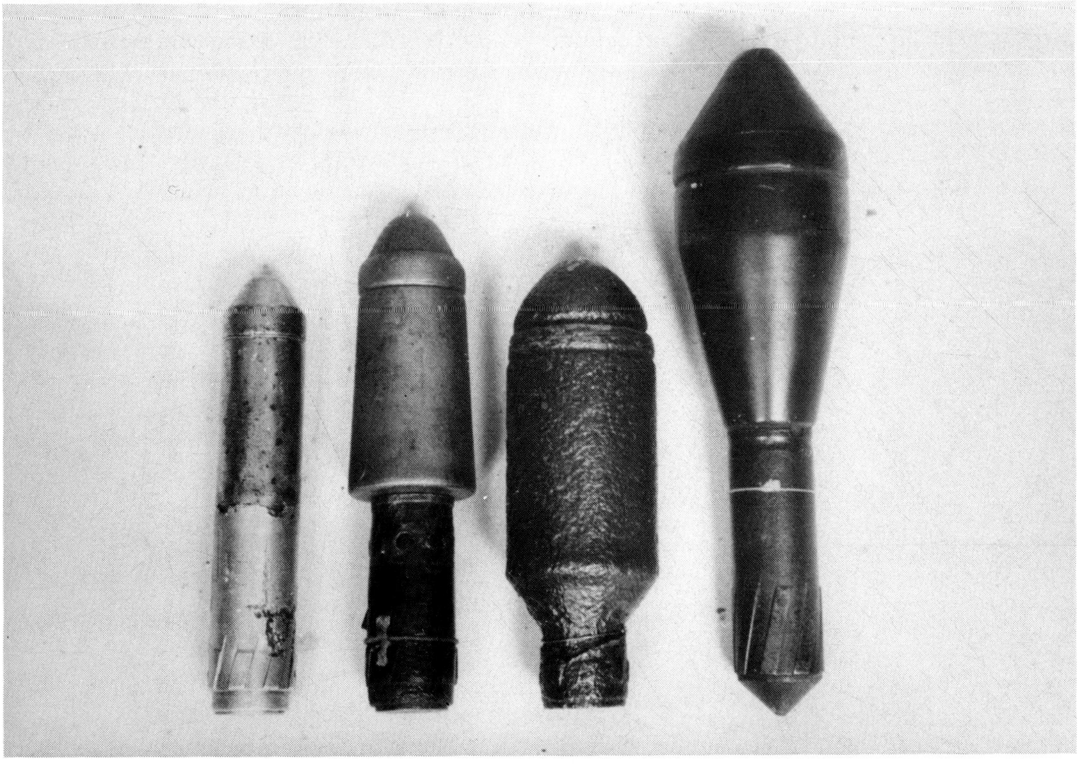

Hohlladungsgeschosse für die Infanterie (von links nach rechts): Gewehr-Panzergranate, große Gewehr-Panzergranate, große Gewehr-Panzergranate (Versuch), große Gewehr-Panzergranate 61. Im Laufe der Entwicklung konnte die Durchschlagleistung von 40 auf über 100 mm Panzerstahl gesteigert werden.

Die Auswertung »fremdländischen Geräts«

Wie bereits erwähnt, hat das Heereswaffenamt auf dem Versuchsgelände in Kummersdorf »fremdländisches Gerät« ausgewertet. Vor dem Krieg war es, wo erforderlich, über Drittländer angekauft und auf abenteuerlichen Wegen nach Deutschland gebracht worden. Das betraf Infanterie- und Artilleriewaffen, vor allem aber Panzerkampfwagen. Später kamen sie als Beute aus Spanien, der Tschechoslowakei und aus Österreich. So wurden beispielsweise tschechische Geschütze zunächst in Spandau überholt, dann kamen sie zum Schußtafelschießen nach Kummersdorf. Das hervorragende Artilleriematerial der Skoda-Werke und die dazugehörigen Munitionsbestände waren von größter Bedeutung für den schnellen Ausbau des Heeres vor dem Zweiten Weltkrieg.

Nach dem Kriegsausbruch erhielt diese Arbeit einen neuen Stellenwert. Arbeitskommandos aus Kummersdorf waren fortan auf den Kriegsschauplätzen unterwegs, um erbeutetes Rüstungsmaterial einzusammeln, zu sichten und um erste Versuche durchzuführen bzw. den Abtransport nach Deutschland zu organisieren. Schon bald rollten auf dem Kummersdorfer Bahnhof Züge mit dem erbeuteten Material an, darunter Artilleriegerät, Panzer und gepanzerte Fahrzeuge, Pioniersprengmittel und vieles andere mehr. Die Auswertung erfolgte mit den Schwerpunkten:

1. Verwertung vorteilhafter konstruktiver Lösungen für eigene Waffenentwicklungen und für die Forschungsarbeit.
2. Das Sammeln von Erkenntnissen über die schnelle und wirkungsvolle Bekämpfung gegnerischer Kampfmitel bzw. den Schutz vor deren Waffenwirkung.
3. Die Überprüfung dieser Waffen für die Verwendung in der Wehrmacht einschließlich der Erarbeitung entsprechender Vorschriften.

Der letzte Aufgabenkomplex hatte bereits 1939/40 erhebliche Bedeutung. In den »Kennblättern fremden Geräts«, die in den Fachabteilungen des Heereswaffenamtes erarbeitet wurden, wird in der Einleitung besonders darauf aufmerksam gemacht, daß erbeutete Waffen und Ausrüstungen zu sammeln und an nachfolgend beschriebene Dienststellen zu

Arbeitskommando des Heereswaffenamtes/WaPrw 6 aus Kummersdorf erprobten in der Nähe von Bad Berka einige der vom österreichischen Heer übernommenen leichten Panzer Fiat-Ansaldo C.V.33II. Österreich hatte Mitte der 30er Jahre für seine schnellen Truppen zunächst 36 Stück gekauft. Aufnahme vom April 1938.

Aus der tschechischen Beute kam für den weiteren Ausbau der Wehrmacht besonders wertvolles Geschützmaterial: Dazu gehörten die aus ehemals österreichisch-ungarischen Beständen stammenden 7,5-cm-Gebirgskanonen M.15...

...und die 7,5-cm-Fliegerabwehrkanone M.37(t), die zu Vorführungen nach Kummersdorf gebracht wurde.

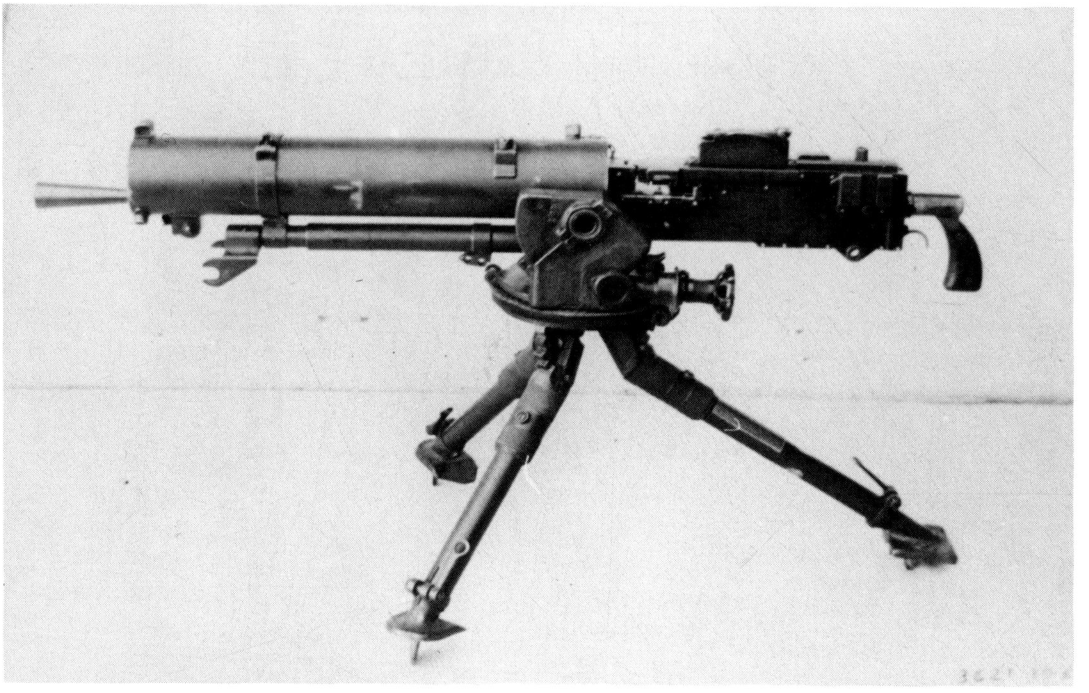

Auch die Beute aus dem Feldzug gegen Polen im September 1939 war umfangreich. Das hier gezeigte schwere Maschinengewehr Browning wz. 30 kam zur Erprobung nach Kummersdorf und wurde der dortigen Waffensammlung einverleibt.

Fahrversuche mit polnischen Protzfahrzeugen in Kummersdorf im Herbst 1939.

Am Strand bei Nieuport im Juli 1940. Die Angehörigen der Versuchskommandos kamen aus Kummersdorf, Hillersleben und von den anderen Versuchsplätzen. Hier sind sie dabei, französische Munitionsschlepper zur Erprobung vorzubereiten. Die Versuche sind später in Kummersdorf weitergeführt worden. Im November 1941 kam die deutsche Vorschrift (D 638/25) für das Fahrzeug heraus.

schicken sind:

1. Infanteriegerät und Pak und dazugehörige Munition, Gerät und gepanzerte Fahrzeuge aller Art:
   Versuchsplatz Kummersdorf
   Bahnstation Kummersdorf-Schießplatz
2. Artilleriegerät, Geschütze und dazugehörige Munition:
   Versuchsplatz Hillersleben
   Bahnstation Haldensleben, Anschlußgleis der Kommandantur
3. Pioniergerät:
   a.) Nahkampf-, Spreng- und Zündmittel, Minen:
   Versuchsplatz Kummersdorf zur Verfügung WaPrüf 1 und 5
   Bahnstation Kummersdorf-Schießplatz
   b.) Sonstiges Pioniergerät:
   Pionierversuchsstelle 1
   Bahnstation Sperenberg

Bei einer am 10. Juni 1940 beginnenden Fahrt eines Beutekommandos aus Kummersdorf wurden alle modernen deutschen Panzerabwehrwaffen, darunter die 2,8-cm-Panzerbüchse mit konischem Lauf (»Kummersdorfer Prinzip«), mitgeführt und im scharfen Schuß an französischen Panzern getestet. Mit der 8,8-cm-Flugabwehrkanone bemühte man sich, französische Bunkeranlagen zu zerschießen.
Noch im Jahr 1940 ermittelte WaPrüf 6 auf einer der Schießbahnen die Lärmbelästigung von Panzerbesatzungen bei Dauerbeschuß mit MG und 2-cm-Flugzeugabwehrkanonen. Beschossen wurde ein deutscher, aus Walzstahl gefertigter Panzerkampfwagen III und ein französischer, gänzlich aus Gußstahl hergestellter Kavalleriepanzer Somua S-35.
Die Auswertung von erbeutetem Material erfuhr nach dem 22. Juni 1941 eine weitere Steigerung. Dabei stand im Vordergrund, wie und mit welchen Kampfmitteln insbesondere die leistungsfähigen sowjetischen Panzerkampfwagen bekämpft werden konnten. Weiterhin ging es darum, das teilweise vorzügliche sowjetische Artilleriematerial zu verwerten.
Gründlich untersucht wurde in den Sprenggärten und auf den Schießbahnen, vor allem in der schon erwähnten neuen Anlage in Adlerhorst, in Zusammenarbeit mit der Rheinmetall-Borsig GmbH die Beschaffenheit und Splitterbildung sowjetischer Artilleriemunition. Das Heereswaffenamt WaPrüf 1 unterhielt zwischen den Gemeinden Schönefeld und Gottow ein umfangreiches Versuchsgelände zur Erprobung von Treibladungspulver und Sprengstoffen. Dazu gehörten zahlreiche sehr verschiedenartig gestaltete Bunker und Munitionshäuser, sogar mit unter der Erde liegenden Eisenbahnanschluß und einer eigenen Wasseraufbereitungsanlage.

Wirkungsschießen auf den französischen 70-Tonnen-Panzer Char 3 C mit der 5-cm-Pak 38 und der 2,8-cm-schweren-Panzerbüchse 41. Die Durchschüsse sind weiß umrandet. Meüssi, den 3. Juli 1940.

Heeresarbeiter und Soldaten aus Kummersdorf haben in Ostende diesen Kavalleriepanzer Somua S-35 für den Abtransport nach Kummersdorf vorbereitet. Aufnahme vom Juli 1940.

Offiziere und Beamte des Heereswaffenamtes untersuchen einen französischen Panzer Char B-1. Es war nicht einfach, aus der umfänglichen Beute die für weitere Versuche geeignetsten Kampfwagen auszuwählen.

Dieser Kavalleriepanzer Hotchkiss H-39 ist numeriert worden (am Turm, Nr. 7) und wurde ebenfalls nach Kummersdorf gebracht.

Das Versuchskommando in Ostende mit dem Versuchsplatz Nieuport bestand Mitte Dezember 1940. Die Masse des erbeuteten Materials ist aber schon im Sommer abtransportiert worden, wie dieser englische Kreuzerpanzer A 9 MK I CS.

Das Kampffahrzeug nur wenige Wochen später auf dem Gelände der alten »Verskraft« in Kummersdorf.

WaPrw 4 führte längere Zeit Beschußversuche an tschechischen Bunkeranlagen durch.

Am 14. Juni 1940 wurde das Fort Neufchateau mit 8,8-cm-Geschützen beschossen. Ziel der Versuche war es, in Erfahrung zu bringen, wieviel Schuß notwendig waren, um die dicken Mauern »durchzunagen«.

Mit Erstaunen stellte man auf deutscher Seite fest, daß die Rote Armee großzügig mit automatischen Infanteriewaffen ausgerüstet war. Besonderes Interesse erweckten die automatischen Gewehre M. 1936 (Simonow) und M. 1940 (Tokarew).

In besonderen Beutesammelstellen wurde das vielgestaltige Artilleriematerial der Roten Armee für den Abtransport nach Deutschland gesammelt. Aufnahme vom Juli 1941.

WaPrw 6 ließ an der Ostfront alles einsammeln, was an russischer Panzertechnik greifbar war. Ein Schwerpunkt war dabei der mittlere Panzer T-34, dessen Bekämpfung der Truppe außerordentliche Schwierigkeiten bereitete.

Fahrzeuge sind zum Abtransport nach Deutschland vorbereitet. Links ein T-34, in der Mitte der schwere Panzer KW-1 und rechts der fünftürmige T-35.

Es ist geschafft! Mit viel Mühe wurde einer von Stalins Giganten (ein T-35) auf den Waggon befördert. Übereinstimmend erklärten ehemalige Fahrer der »Verskraft«, daß sich die russischen Panzer fahrtechnisch nur mit großem Kraftaufwand beherrschen ließen.

Aus anderen zur Sammelstelle geschleppten Kampfwagen wurden noch schnell wichtige Teile ausgebaut, um für den Fahrbetrieb in der Kraftfahrversuchsstelle genügend Ersatzteile verfügbar zu haben.

Der Zug ist zusammengestellt und wartet auf die Abfahrt. Ziel: Bahnstation Kummersdorf-Schießplatz. Unter den Fahrzeugen, die zur Verladung kamen, sind auch Kettenschlepper vom Typ »Stalin«. Aufnahme vom Juli 1941.

Einer der Kettenschlepper »Stalin« in einer Fahrzeughalle der neuen »Verskraft« Kummersdorf.

Ein leichter Panzer T-60 vor einer Fahrzeughalle der neuen Kraftfahrversuchsstelle in Kummersdorf. Die Waffen sind ausgebaut. Sie wurden gesondert erprobt. Ermittelte Panzerdicken wurden mit weißer Farbe außen aufschabloniert.

Blick in die umfangreiche Sammlung erbeuteter russischer Panzer- und Kettenfahrzeuge. Sie kamen später nach Stettin-Altendamm.

Der dreitürmige T-28 der Roten Armee war bereits nach dem verlustreichen Winterkrieg mit Finnland 1939/40 mit einer zusätzlichen Panzerung versehen worden. Die so entstandene Ausführung T-28 M, hier in Kummersdorf zu sehen, fand das besondere Interesse der Herren von WaPrw 6. Die eigenen Panzerkampfwagen sollten in ähnlicher Weise verstärkt werden.

Der Rad-Kettenpanzer BT-7 bot für die Auswertung durch das Heereswaffenamt wenig Neues.

Die Deutsche Versuchsanstalt für Luftfahrt in Kummersdorf-Schießplatz

Kummersdorf-Schießplatz besaß Mitte der 30er Jahre eine entwickelte Infrastruktur, welche praktische Versuche verschiedener Forschungseinrichtungen außerordentlich begünstigte. Dazu zählte u.a. die Technische Hochschule Dresden. Auch die Deutsche Versuchsanstalt für Luftfahrt, die ja bereits im Ersten Weltkrieg in diesem Raum tätig war, ließ sich wieder hier nieder.

Zu dieser Zeit beschäftigten sich die Mitarbeiter der Forschungsanstalt »Graf Zeppelin« in Ruid bei Stuttgart mit Schrägstartanlagen und Raketenschlitten für Flugzeuge und Fernlenkbomben. Unter der Leitung von Ing. Geissen verlegte die Deutsche Versuchsanstalt für Luftfahrt innerhalb kurzer Zeit neben der Schießbahn West ein 5500 m langes normalspuriges Eisenbahngleis. Die wenig später anlaufenden Experimente liefen unter dem Titel »Versuche mit Vorrichtungen zum Schleudern von festen Körpern«. Auf dem Gleiskörper wurden Schienenfahrzeuge mit großer Beschleunigung und hoher Endgeschwindigkeit bewegt. Sie hatten auffallende Ähnlichkeit mit den Startwagen für die Vergeltungswaffe 1 (V 1, FZG-76), die von der Luftwaffe ab 1944 zum Einsatz gebracht wurde. Den Antrieb der Fahrzeuge besorgten Raketentriebwerke.
Erste Versuche liefen im Jahr 1938; sie sind bis zum Ende des Zweiten Weltkrieges fortgeführt worden. Augen- und Ohrenzeugen berichteten von den mit eindringlichem Pfeifton und einem weithin sichbaren Feuerschweif dahinrasenden Fahrzeugen. In der Regel markierte ein dumpfer Anschlag das Ende eines Raketenwagens. Als Alternative wurde eine in ihren Ausmaßen gewaltige Fallgewichtsschleuder konstruiert. Zum Aufbau der Versuchsanlage in der Uckermark ist es nicht mehr gekommen.

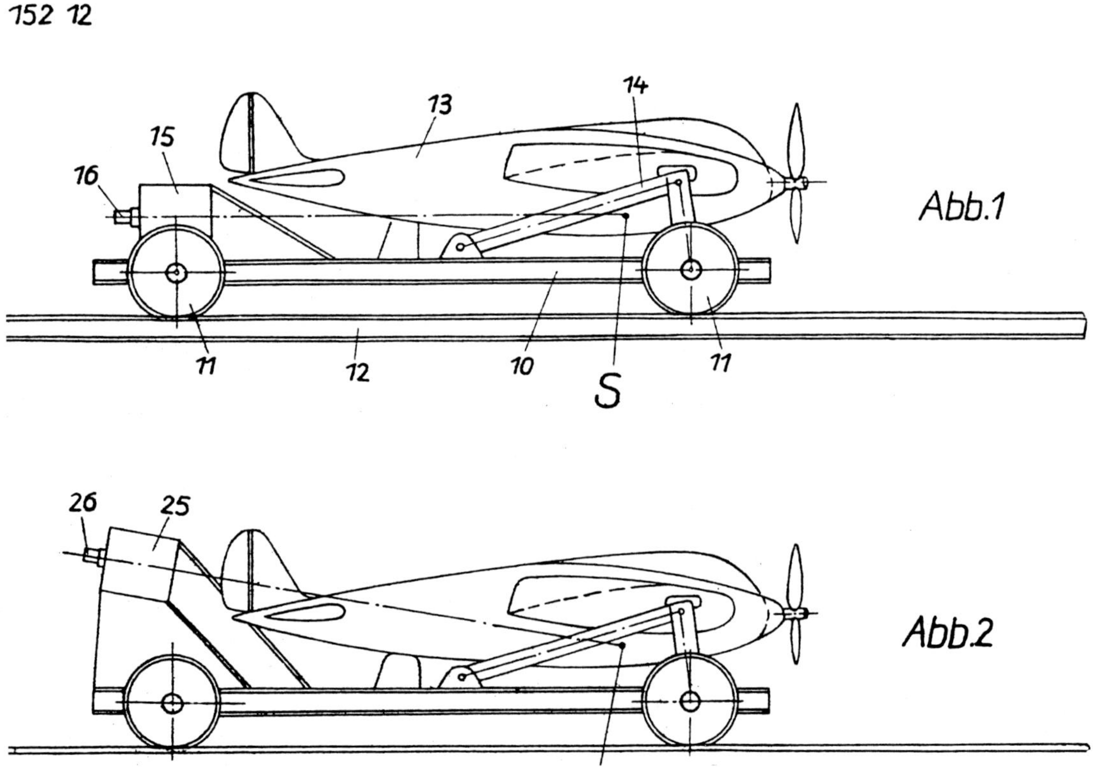

Versuchsanordnungen der Forschungsanstalt »Graf Zeppelin«, die in den 40er Jahren in Kummersdorf erprobt worden sind.

Die Heeresversuchsstelle für Panzer und Motorisierung (Verskraft)

Im Heereswaffenamt hatte die Abteilung WaPrüf 6 (Kraftfahrzeuge und Kampfwagen) in den 20er Jahren erhebliche Vorleistungen für die Entwicklung und Erprobung von Kraftfahrzeugen erbracht. Die Versuche mit den im Rahmen der geheimen Rüstung entwickelten Panzerkampfwagen (Klein- und Großtraktor) waren in Sowjetrußland durchgeführt worden. In Kummersdorf liefen umfangreiche Versuche mit handelsüblichen bzw. für die militärische Verwendung abgeänderten Fahrzeugen. Erarbeitet wurden grundsätzliche qualitative Anforderungen, die an zukünftig von der Industrie zu entwickelnde Militärfahrzeuge gestellt werden mußten. Weiterhin erprobte man Baugruppen und Verschleißteile (Reifen, Bremsbeläge usw.) für solche Fahrzeuge unter teils extremen Bedingungen. Dafür nutzte das Heereswaffenamt einen, verschiedene Gebäude, Werkstätten und Prüfstände umfassenden Komplex hinter der Schießbahn Ost, westlich der Kaserne. Er wurde später als »Alte Verskraft« bezeichnet. Zu ihr gehörten auch Steigungs- und Kletterstrecken, Balkensperren, Gräben und für Dauererprobungen Rundstrecken in der Nähe der Gemeinde Gottow.
Gründlich untersucht wurden ausländische Panzerfahrzeuge. Rudolf Harnisch, bei WaPrüf 6 als Referent für ausländische Panzerfahrzeuge beschäftigt, erwähnt in einem Bericht die Lieferung eines englischen Panzers Vickers-Armstrong. Er war 1936 als Traktor deklariert und in Einzelteile zerlegt über Holland nach Kummersdorf gekommen. Schon 1935, so wußte der Versuchskraftfahrer Fritz Behnisch zu berichten, ist im Wald bei Gottow ein kleiner englischer Panzer ohne Bewaffnung in Anwesenheit des Reichskanzlers Adolf Hitler und des Reichsführers SS Heinrich Himmler vorgeführt worden. Dabei kam es zu einem Unfall; der Kampfwagen stürzte zwischen eine Sperre aus eingerammten Bäumen. Carden-Loyd-Panzerfahrzeuge gelangten bereits Anfang der 30er Jahre zur Besichtigung nach Kummersdorf.
Im Jahr 1932 begann WaPrüf 6 in Kummersdorf mit der Erprobung des LaS (Landwirtschaftsschlepper), der 1934 als Panzerkampfwagen I (MG)(Sd.Kfz. 101) zur Einführung kam. Im Verlauf der Erprobung, die teilweise

Gruppenfoto eines Versuchskommandos, welches im Jahr 1936 die Dauererprobung mit dem 12-Tonnen-Zugkraftwagen von Daimler-Benz durchgeführt hat.

Zu den Prüfstrecken auf dem Gelände der neuen Kraftfahrversuchsstelle bei Horstwalde gehörte ein loser Geröllhang mit 32% Steigung (oben) und ein ganzer Komplex von Steigungsbahnen (von 15 bis 65%) (Bild unten).

im Vergleich mit dem englischen Carden-Loyd-Panzer erfolgte, wurden zahlreiche Verbesserungsvorschläge und Änderungen eingearbeitet. Eine Wintererprobung auf schwerem Boden folgte im Dezember 1933 auf dem Truppenübungsplatz Ohrdruf (Thüringen).

Nur wenig später begannen die Versuche mit dem LaS Maybach (später Panzerkampfwagen II (2 cm)(Sd.Kfz. 121).

Die Heeresmotorisierung erhielt mit dem weiteren Ausbau der Kampfwagentruppe in der Wehrmacht einen bedeutend höheren Stellenwert. Dabei ging es nicht nur um die Entwicklung von Panzerkampfwagen. Die Artillerie in den Panzerdivisionen benötigte leistungsfähige Zugkraftwagen. Gleiches galt für die schweren und schwersten Geschütze der Heeresartillerie. Die motorisierten Schützen und die Aufklärungstruppe brauchten Transport- und gepanzerte Aufklärungsfahrzeuge. Um die an Umfang zunehmenden Anforderungen an die Nachschubtruppen bewältigen zu können, mußten handelsübliche Lastkraftwagen den militärischen Bedürfnissen angepaßt werden.

Wollte man alle damit in Verbindung stehenden Aufgaben erfolgreich bewältigen, so die Meinung des Heereswaffenamtes, mußte der Abteilung WaPrüf 6 (Kraftfahrzeuge und Kampfwagen) ein völlig neues und modern eingerichtetes Versuchsgelände zur Verfügung gestellt werden. Nach einer längeren Planungsphase begann das Militärbauamt im Jahr 1938 mit dem Aufbau der neuen Kraftfahrversuchsstelle. Die Verwaltung, Unterkünfte, Prüfstände, Werkstätten und Fahrzeughallen der neuen Kraftfahrversuchsstelle wurden zwischen den Straßen Kummersdorf-Schießplatz nach Schönefeld und Kummersdorf-Schießplatz nach Horstwalde errichtet. Zu den Anlagen gehörten besondere Kühlhäuser, Motoren-, Reifen- und Kettenprüfstände, weiterhin Staubkammern.

Östlich der Gemeinde Horstwalde wurde das Versuchsgelände für die Fahrzeugerprobung aufgebaut. Für die Steigungsbahnen unterschiedlicher Beschaffenheit und Neigung nutzte man dort befindliche Parabeldünen, die sogenannten Schlageberge. Hinzu kamen Kletterhindernisse, Watbecken und eine Verwindungsbahn. Für Dauererprobungen ist wiederum eine Waldrundstrecke eingerichtet worden. Nebenan lag ein besonderes Vorführgelände. Ebenfalls für Dauererprobungen und Geschwindigkeitsmessungen ist die Straße zwischen Kummersdorf-Schießplatz und Sperenberg auf einer 2000 m langen Strecke mit dem

In den 30er Jahren unterhielten die Panzerfahrer der Kraftfahrverssuchsstelle an der Waldrundbahn diese bescheidene Hütte als Pausenraum. Sie trug die bezeichnende Aufschrift »La.S. Fahrers RUH«.

auf Autobahnen üblich gewordenen Betonbelag versehen worden. Für den modernen Ausbau der neuen Kraftfahrversuchsstelle spricht, daß die seinerzeit zugrunde gelegten Standards zur Erprobung von Rad- und Kettenfahrzeugen heute noch ihre Gültigkeit besitzen.

Zusätzlich errichtete das Heeresbauamt für die Bedürfnisse von WaPrüf 6 auf dem Artillerieschießplatz eine besondere Prüfstrecke mit auswechselbaren Hindernissen. Hier sollten Panzerkampfwagen, Panzerspähwagen und Waffenträger hinsichtlich ihrer Eignung als Schießplattformen untersucht werden.

In die zweite Hälfte der 30er Jahre fiel auch der Ausbau von Verskraft-Außenstellen in Putlos (Schleswig-Holstein) und in Bad Berka-Großlupnitz (Thüringen). In Putlos führte WaPrüf 6 Tauch-, Schwimm- und Schießversuche durch. In Bad Berka wurden die Fahrzeuge unter besonders schwierigen Bodenverhältnissen getestet. Für die Winter- und Gebirgserprobung kam später noch eine Außenstelle in Sankt Johann (Tirol) hinzu.

Um die Aufgaben in den Außenstellen lösen zu können, mußten gemischte Arbeitskommandos aus Mitarbeitern des Heereswaffenamtes in Berlin und dem Personal der Heeresversuchsstelle zusammengestellt werden.

Die Fahrzeugerprobung war sehr vielgestaltig. Neben den Geschwindigkeitsmessungen auf der besonders präparierten Straße nach Sperenberg konnten Beschleunigungs- und Bremsversuche auf einem Autobahnteilabschnitt des Berliner Rings durchgeführt werden. Er ist auch zur Ermittlung des Kraftstoffnormverbrauchs genutzt worden. Wie bei allen anderen Versuchsprogrammen wurden immer wieder Messungen vorgenommen, Protokolle ausgefüllt und unter Aufsicht der zuständigen Werkmeister Reparaturen ausgeführt.

Komplizierter war es, das Verhalten der Fahrzeuge bei Dauerbelastungen zu testen. Dazu führten Arbeitskommandos aus Kummersdorf längere Erprobungsfahrten durch, in deren Verlauf sie in fast alle Gebiete Deutschlands kamen. Für jeden Fahrzeugtyp stellte man besondere Kommandos zusammen. Ihre Stärke variierte: Bei einem 1,5-t-Lkw mit Anhänger waren es zwischen 5 und 10 Mann, bei der 12-t-Halbkettenzugmaschine »Daimler Benz« bis zu 30 Mann. Darunter befanden sich Offiziere und Beamte. In der Regel arbeiteten auf den Langstreckenfahrten die einzelnen Abteilungen des Heereswaffenamtes eng zusammen. Unter den Angehörigen der Versuchsabteilungen waren diese Versuche unter dem Begriff »Deutschlandfahrten« bekannt und sehr beliebt.

Versuchsfahrten mit Kraftfahrzeugen verschiedener Bauart in der näheren Umgebung des Schießplatzes. Vorn eine teilgepanzerte 1-Tonnen-Halbkettenzugmaschine.

Erprobung des leichten geländegängigen Lkw 1,5 t (6x4) Magirus M-206. Aufnahme aus dem Jahr 1935.

Der Sonderanhänger 1 auf dem Platz am Wasserturm. Dieser Anhänger diente zum verlasteten Transport ursprünglich für den bespannten Zug eingerichteter Geschütze des Heeres.

Dieser Maschinensatz lief in der Kategorie »als Anhänger fahrbare Geräte«. Die Hartgummibereifung ist später durch Luftgummireifen ersetzt worden.

Dauererprobung eines leichten geländegängigen Lkw 1,5 t (6x4) mit angehängtem Sonderanhänger 33 für Nebelwerfermunition.

Ein Versuchskommando, gebildet aus WaPrw 4 und 6 mit einem leichten geländegängigen Lkw 1,5 t (6x4) Büssing-NAG G-31 auf einer Fahrt in das Erzgebirge.

Erinnerungsfoto mit den Teilnehmern der »Opel-Karawane« aus dem Jahr 1938.

Nicht weniger interessant ist in diesem Zusammenhang die Tatsache, daß wehrmachtseigene Versuchsmuster von Personen- und Lastkraftwagen an öffentlichen motorsportlichen Veranstaltungen teilnahmen. So erschien im Sommer 1938 erstmals der mittlere Einheits-Pkw, ziemlich unauffällig mit einem Holzkastenaufbau, bei der Dreitage-Mittelgebirgsfahrt. Der Prototyp war als »Horch« in die Teilnehmerliste des Rennens eingetragen worden. Damit erschlossen sich die zuständigen Dienststellen der Wehrmacht weitere Möglichkeiten, vor allem zu einer vergleichenden Erprobung neuentwickelter Kraftfahrzeuge.

Auch im Zuständigkeitsbereich der Abteilung für Heeresmotorisierung ergaben sich vielfältige und enge Verbindungen zur Industrie. Nachgewiesen werden kann, daß 1937/38 ein 12-köpfiges Kommando aus Fahrern und Mechanikern der Kraftfahrversuchsstelle zur Adam-Opel AG in Rüsselsheim geschickt wurde. Ihre Aufgabe bestand darin, für diese Kraftfahrzeugfirma verschiedene Personen- und Lastkraftwagen einer umfassenden Erprobung zu unterziehen. Darunter befand sich der später in großer Stückzahl an die Wehrmacht gelieferte 3-t-Lastkraftwagen. Die in der Öffentlichkeit durchgeführten Fahrten wurden durch ein spezielles Werbeprogramm der Firma vermarktet. So erhielten die Fahrer einheitliche Arbeitskleidung, und die Fahrzeuge waren mit der Aufschrift »Opel-Karawane« versehen.

Ende 1935 kamen erste Prototypen des späteren Panzer III, kurze Zeit später Versuchsmuster des Panzer IV.

Die Erprobung dieser Panzerfahrzeuge lief auf den Versuchsstrecken, aber auch in der Umgebung von Kummersdorf. Alle Versuche, die das Fahrgestell und die Antriebsanlage betrafen, wurden mit einem Betongewicht an Stelle des Turms durchgeführt. Nach abgeschlossener Fahrgestellerprobung haben die Herstellerwerke die Panzer mit dem Turm komplettiert. Sie wurden auf der Schießbahn oder in Putlos (Schleswig-Holstein) weiter getestet. Das Erprobungsprogramm mit dem Panzer III zog sich wegen laufender Veränderungen (untersucht hat man Schrauben-, Blatt- und Drehstabfederung) bis 1939/40 hin. 1939 ereignete sich dabei auf der Rückfahrt nach Kummersdorf in der Gemeinde Großmachnow ein Unfall. Bei einem Fahrzeug hatten die Bremsen versagt. Unfälle waren keine Seltenheit. 1941 verunglückte der Fahrer Otto Konrad aus Kummersdorf bei einer Vorführung in Rastenburg tödlich. Er war mit seinem Panzerkampf-

Auf einer Versuchsfahrt in der Zeit vom 11. November bis zum 2. Dezember 1937 wurde, unter Planen abgedeckt, eine neuentwickelte 5-cm-Panzerabwehrkanone mit dem Schießpilz mitgeführt. Die Aufnahme entstand während eines Tankhaltes in Minden/Westfalen.

Ein leichter Zugkraftwagen HL kl 5 von Hansa-Lloyd bei Zugversuchen mit der 10,5-cm-leichten-Feldhaubitze 18. Diese Versuchsfahrten liefen in der Zuständigkeit des Heereswaffenamtes/WaPrw 4.

wagen II n. A., der ein Betongewicht trug, gegen einen Baum gerast.

Die Dringlichkeit, mit der die Erprobung der neuen Panzerkampfwagen III und IV durchgeführt wurde, zeigt folgendes Beispiel:
Im Jahr 1939 nahmen Versuchfahrer aus Kummersdorf mit den neuesten Panzern an dem großen Manöver der Panzertruppen in Munsterlager teil. Sie handelten dort im Verband der Panzer-Lehrabteilung Wünsdorf. Aus Gründen der Tarnung wurden die Fahrer als Panzersoldaten mit dem Dienstgrad Obergefreiter eingekleidet. Damit sollte verhindert werden, daß Manöverbeobachter Rückschlüsse auf den versuchsweisen Charakter der Beteiligung dieser Panzer am Manöver gewinnen konnten.

Der Ausbau der Heeresversuchsstelle für Panzer und Motorisierung kam 1942, bei bereits auf Hochtouren laufendem Versuchsbetrieb, zum Abschluß.

Der Reichskanzler Adolf Hitler besuchte häufig die Versuchsanlagen des Heereswaffenamtes, hier in Begleitung des Chefs des Heereswaffenamtes, General der Artillerie, Prof. Dr. h.c. Dr. Becker.

Wichtigstes Zugmittel für die Flugabwehrartillerie (8,8-cm-Flak) und für die 15-cm-Haubitze des Heeres sollte die 8-Tonnen-Zugmaschine werden. Die Aufnahme entstand 1937 bei der Erprobung durch die »Verskraft«.

Die 3-Tonnen-Zugmaschine war vor allem als Zugmittel für die 10,5-cm-leichte-Feldhaubitze 18 in den Artillerieregimentern der im Aufbau begriffenen »Schnellen Truppen« vorgesehen. Auf den Versuchsfahrten wurde jeder zu ermittelnde Wert genau protokolliert.

Rast mit einer 3-Tonnen-Zugmaschine auf dem Berliner Ring.

Erneut macht sich ein Versuchskommando, diesmal mit dem Zugkraftwagen 12t DBs 7 auf den Weg zu einer längeren Fahrt. Die im Rahmen der Dauererprobung durchgeführten Rundfahrten durch ganz Deutschland waren beim Personal sehr beliebt.

Die Erprobung des 12-Tonnen-Zugkraftwagens wurde, wie die aller Fahrzeuge, Waffen und Ausrüstungen mit großer Gründlichkeit durchgeführt. Um zum Beispiel die unterschiedliche Abnutzung der Kettenpolster zu ermitteln, sind diese mit gleich tiefen Bohrungen versehen worden, die dann regelmäßig nachgemessen werden konnten.

Versuchsfahrten eines Zugkraftwagens 12 t mit geschlossener Fahrerkabine.

Fahrversuche mit einer in sechs Lasten zerlegten 24-cm-Kanone 3 im Jahr 1937. Als Zugmittel dienten schwere Zugkraftwagen 12 t DBs 7 (Sd.Kfz. 8), die von Fahrern der Inspektion 6 gesteuert wurden.

Diese DBs 7 ist bei Fahrversuchen ausgebrannt. Die Fahrer warten auf den Abtransport in die Werkstatt, wo das Fahrzeug gründlich untersucht werden soll.

Nach den Anschluß Österreichs richtete das Heereswaffenamt in Sankt Johann/Tirol eine Außenstelle für Winter- und Gebirgsversuche ein. Das Bild entstand im Winter 1939/40 bei den Versuchen mit dem mittleren Mannschaftstransportwagen und dem Panzerkampfwagen II (2 cm) (Sd.Kfz. 121).

Lange bevor der leichte geländegängige Lkw 1 t (6x4) Krupp L 2 H 143 unter dem Namen »Krupp-Protze« das Erscheinungsbild der motorisierten Verbände mitbestimmte, hat er in Kummersdorf Forst Versuchsfahrten absolvieren müssen.

Die verbesserte Ausführung des leichten geländefähigen Pkw, der Typ K 1 (4x2) Volkswagen Typ 82 taucht 1940 bei der »Verskraft« in Kummersdorf auf, um auf Herz und Nieren geprüft zu werden.

Einige Fahrzeuge des schweren Zugkraftwagen 18 t Famo F 3 (Sd.Kfz. 9) waren für ständig in Kummersdorf stationiert und dienten zum Abschleppen der bei Versuchen ausgefallenen Panzerkampfwagen.

Bei Fahrversuchen, hier mit dem mittleren Schützenpanzerwagen HL kl 6 p (Sd.Kfz. 251), ist auch die Verwindbarkeit des Fahrwerkes geprüft worden.

Die Erprobung des mittleren Schützenpanzerwagens erhielt eine besondere Dringlichkeit. Das Fahrzeug wurde für die Schützenbataillone in den Panzerdivisionen benötigt.

Das Bild zeigt Möglichkeiten und Grenzen von Halbkettenfahrzeugen. Tatsachen, die bei der Erprobung erkannt worden sind. Trotzdem sah man seinerzeit in einer solchen technischen Lösung die reale Chance, militärischen Forderungen, wie eine hohe Geschwindigkeit und hohe Geländegängigkeit miteinander zu verbinden.

Diese Aufnahme entstand 1941 in Bad Berka. Mitarbeiter der Kraftfahrversuchsstelle haben sich hier zu einem Erinnerungsfoto aufgestellt. 2300 km hat der neue Panzer VK 3 001 (P) von der Firma Porsche schon bewältigt. Inoffiziell hieß der Kampfwagen »Leopard«.

Wintererprobung des Panzerkampfwagen VK 1301 in Sank Johann in Tirol (BA).

Versuche mit dem Panzerwagen III auf schweren Böden. Für Fahrversuche sind gewöhnlich Betontürme aufgesetzt worden, mit denen das Gewicht der Gefechtstürme simuliert werden konnte.

Ein zweites Fahrzeug muß herangeholt werden, um den festgefahrenen Panzerkampfwagen III herauszuziehen. Solche Übungen waren Bestandteil der Testprogramme.

Bei Versuchen mit dem neuen Panzerkampfwagen III (Sechslaufrollen-Fahrwerk, Drehstabfederung) versagten auf der Rückfahrt nach Kummersdorf die Bremsen. Der Panzer rammte auf einem Gartengrundstück einen Telegrafenmast. Aufnahme vom Herbst 1939.

Das havarierte Fahrzeug von der linken Seite. Auf dem Betonturm liegt der abgebrochene Telegrafenmast, davor sind Reservelaufrollen befestigt. Über der Sichtöffnung für den Fahrer ist ein Wetterschutz zu erkennen.

Der Versuchsfahrer Fritz Behnisch in zivil…

…und in der Uniform eines Panzersoldaten. Die Aufnahme ist 1939 in Munsterlager während einer Vorführung entstanden. Bei solchen Anlässen sind die wenigen damals vorhandenen Panzerkampfwagen III und IV gern gezeigt worden. Um Beobachter über den tatsächlichen Stand der Ausstattung zu täuschen, mußten die oft aus der Erprobung abgezogenen Fahrzeuge von zivilen Fahrern gesteuert werden. Für diesen Zweck sind diese als »Panzersoldaten« eingekleidet worden.

Die Kraftfahrversuchsstelle des Heeres an der Straße von Kummersdorf-Schießplatz nach Schönefeld auf ein

fnahme der alliierten Luftaufklärung vom 19. Juni 1944.

Ein VW-Kübelwagen auf dem Gelände der neuen Kraftfahrversuchsstelle, die mit Kriegsbeginn ihren Betrieb aufnahm. Im Hintergrund die Ausfahrt zum Versuchsgelände bei Horstwalde.

Kummersdorf im Zweiten Weltkrieg

Am 1. September 1939 begann der Zweite Weltkrieg. Bis zu diesem Zeitpunkt war im Gebiet um die Ortschaft Kummersdorf-Schießplatz eines der größten und bedeutendsten Versuchsfelder zur Erprobung von Wehrtechnik aller Art entstanden. Eine Ursache war nicht zuletzt die räumliche Nähe zu Berlin, wo neben zahlreichen Ministerien, Forschungseinrichtungen und Rüstungsbetrieben des Heereswaffenamt mit insgesamt 7000 Beschäftigten seinen Sitz hatte (Stand 1940). Von diesen 7000 waren 2000 als Stammpersonal auf den Versuchsplätzen eingestellt.
Aus den Erfahrungen des Ersten Weltkrieges hatte man gelernt; die Versuchstätigkeit in Kummersdorf erfuhr bei Ausbruch des Krieges keine Einschränkung. Die Mehrheit der Beamten, Angestellten und Arbeiter wurden vom Dienst in der Wehrmacht zurückgestellt, bzw. zum Wehrdienst in der Technischen Versuchskompanie herangezogen. Der betont stärkere militärische Charakter kam auch dadurch zum Ausdruck, daß die Wehrmacht Beamte des höheren technischen Dienstes in das neugebildete Ingenieuroffizierskorps übernahm.
Schwerpunkt der Erprobung neuer Waffen wurden in den folgenden Jahren:

1. Panzernahbekämpfungsmittel
2. Nahkampf- und Pioniersprengmittel
3. Panzerabwehrkanonen und panzerbrechende Munition für Geschütze aller Art
4. Betonbrechende und sonstige Munition (z.B. Röchling-Speer)
5. Waffen der Heeres-Flugabwehrartillerie
6. Panzer, gepanzerte Fahrzeuge und ihre Bewaffnung

Zu einem weitern, nicht weniger wichtigen Arbeitsschwerpunkt gestaltete sich in den Kriegsjahren die Auswertung erbeuteten Kriegsmaterials, um frühzeitig Entwicklungstendenzen der ausländischen Rüstung zu erkennen. Dafür wurden, wie bereits erwähnt, besondere Versuchskommandos zusammengestellt und zu den Kriegsschauplätzen in Marsch gesetzt. Während des Frankreichfeldzuges war ein solches Kommando in Ostende stationiert. Der dazugehörige Versuchsplatz war in der Nähe von Nieuwpoort. Mit wechselndem Personalbestand arbeitete diese Versuchsstelle bis zum Oktober 1940. Hier wurden vor allem erbeutete Panzer gesammelt und mit deutschen und erbeuteten Geschützen beschossen. Zu dem

Das Beutesammellager des Heereswaffenamtes in Mons wurde im Sommer 1940 unter Leitung des Major Appenroth geführt. Oberst Fichtner war für das ganze Unternehmen verantwortlich.

Einer der erbeuteten schweren Panzer Char 3 C ist nach Kummersdorf-Schießplatz gebracht worden.

Beutegut gehörte ein 70 t schwerer Panzer Char 2 C. Er ist auf einem speziellen Fahrgestell von der Reichsbahn nach Kummersdorf gebracht worden.
Bekannt geworden ist weiterhin, daß die Kraftfahrversuchsstelle in Kummersdorf ein Beutekommando unter der Leitung von Hauptmann Appenroth zusammengestellt hat. Es nahm seine Tätigkeit als »Werkstatt Thomale« in Mons auf. Hier wurden Kraftfahrzeuge, Zugmittel, Panzerspähwagen und Panzer gesammelt. Zunächst nahm man von den Fahrzeugen alle Maße ab, fotografierte sie, untersuchte die Antriebsanlage, die Bewaffnung, die Panzerung und sonstige Ausrüstungen. Danach kamen die besonders interessanten Konstruktionen nach Kummersdorf.
Insbesondere die Auswertung erbeuteter französischer Panzerfahrzeuge gab den deutschen Militärs und Technikern zahlreiche Anregungen für konstruktive Lösungen. Einige Beispiele sollen besonders erwähnt werden.

1. Der französische Panzer Char 2 C mit benzinelektrischem Antrieb. Das Fahrzeug wurde zur Auswertung sogar für einige Monate an die Daimler-Benz AG in Berlin-Marienfelde abgegeben. Diese Antriebslösung bestärkte deutsche Konstrukteure, darunter Prof. Porsche, darin, für die 1941/42 in Auftrag gegebenen schweren Panzer ebenfalls einen benzin- bzw. dieselelektrischen Antrieb vorzusehen (Vk 4501 (P)).
2. Der französische Panzer B-1 mit einem stufenlos regelbaren Lenkgetriebe.
3. Der französische Kleinstraupenschlepper, der 1940 aus der Seine geborgen worden war und die Grundlage für einen von den Pioniertruppen geforderten ferngelenkten Sprengstoffträger bildete. Bereits 1941/42 führte die Kraftfahrversuchsstelle im Auftrag von WaPrüf 5 (Pioniere) Fahrversuche mit betongefüllten Prototypen in Kummersdorf durch.

Eine gründliche Auswertung erbeuteter und von den Arbeitskommandos des Heereswaffenamtes gesammelter Kraftfahrzeuge, gepanzerter Fahrzeuge und Panzerkampfwagen erfolgte in Kummersdorf, in der alten Kraftfahrversuchsstelle hinter der Schießbahn Ost.

Die Nutzung bzw. Ausbeutung der technischen Erfahrungen anderer Länder sparte erhebliche Kosten und viel Zeit und war deshalb für die deutsche Rüstung von unschätzbarem Wert.
Nach abgeschlossener Erprobung wurde das Beutegut in der Regel speziellen Waffen- und

Ein schwerer russischer Panzer KW wird in der Kraftfahrversuchsstelle den Teilnehmern eines im nahen Berlin durchgeführten Generalstabslehrganges vorgestellt.

Fahrzeugsammlungen zur weiteren Aufbewahrung zugeführt. In Kummersdorf selbst existierte in unmittelbarer Nachbarschaft zur Kommandantur das sogenannte Zeughaus mit einer Sammlung von etwa 40 vorwiegend älteren Geschützrohren. Sie gilt seit dem Ende des Zweiten Weltkrieges als verschollen.

Auf dem Gebiet der Handfeuerwaffen war, wie bereits erwähnt, durch die Referenten O. Morawitz und W. Eckardt eine bedeutende Sammlung von Faust- und Handfeuerwaffen aufgebaut worden. Sie ging am 21. April 1945 durch Brand verloren.

Panzerfahrzeuge kamen nach Stettin-Altdamm in das dortige Heeres-Nebenzeugamt, wo bereits kurz nach Kriegsbeginn der Grundstock für ein zukünftiges Panzermuseum der Wehrmacht gelegt worden war. Auch das Schicksal dieser Sammlung ist bekannt: Ende 1944 wurden brauchbare Panzer für Skorzenys Panzerbrigade 150 ausgesondert. Sie setzte man beim Unternehmen »Greif« im Verlauf der Ardennenoffensive ein. Verbliebene Beutepanzer waren laut einem Fernschreiben des Oberkommandos der Heeresgruppe Weichsel vom 9. März 1945 in Stettin als Straßensperren oder feste Bunker einzusetzen. Der Rest sollte gesprengt werden.

Mit besonderem Nachdruck ist nach Beginn des Krieges mit Sowjetrußland die Auswertung des Kriegsmaterials der Roten Armee betrieben worden. Es war, wie der ehemalige Kommandeur der 97. leichten Infanteriedivision, von Fretter-Pico, schrieb: »... von guter Qualität, die Panzer äußerst geländegängig, das Geschützmaterial ausgezeichnet konstruiert und besaß eine große Schußweite«.

Wie bereits in den vorhergehenden Feldzügen, nahmen Arbeitskommandos aus Kummersdorf, Hillersleben und von anderen Versuchsplätzen ihre Tätigkeit zum Sammeln und zur Auswertung erbeuteten Kriegsmaterials auf. Schon am 27. Juni 1941 lag ein erster Bericht einer Sonderkommission vor, der eine Ein-

Das Zeughaus in Kummersdorf-Schießplatz. Hier waren Teile einer Waffensammlung, darunter alte Geschützrohre untergebracht.

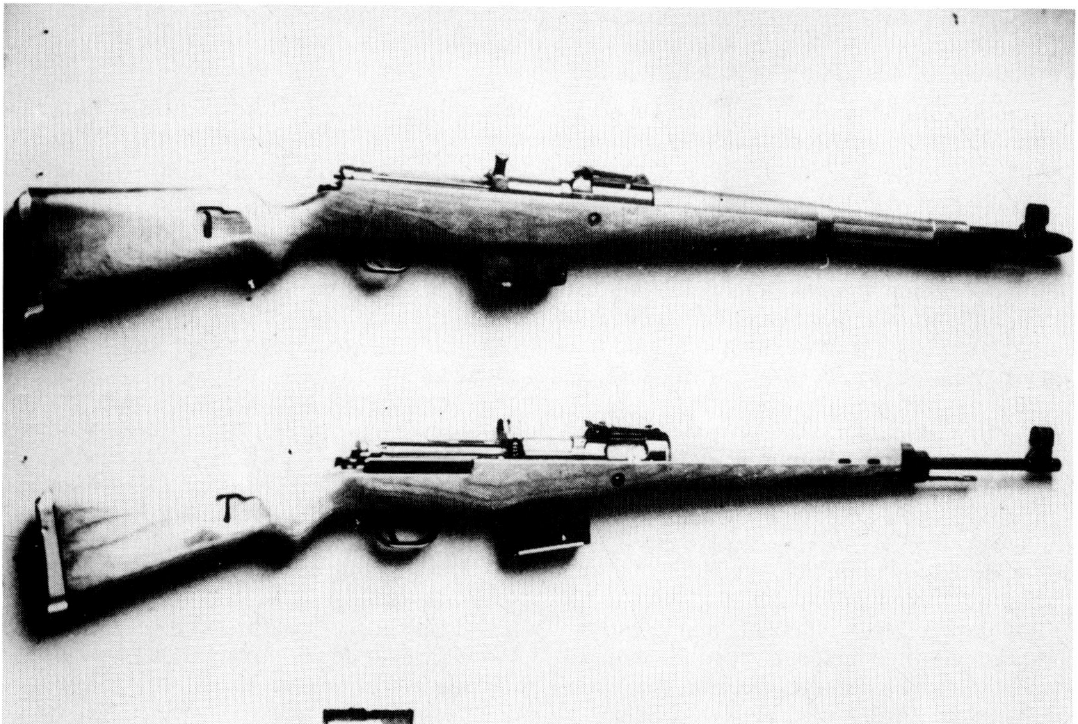

Die Erfahrungen mit erbeuteten russischen Selbstladegewehren förderte die Entwicklung automatischer Infanteriegewehre in Deutschland. Diese Aufnahme vom Gewehr 41 (W) und dem Gewehr 43 entstand bei dem Versuchsbeschuß im Jahr 1943 in Norwegen.

schätzung der Kampfeigenschaften der Panzer der Roten Armee enthielt. Ein spezielles Kommando untersuchte auf dem Mellensee bei Zossen die Eigenschaften der sowjetischen Schwimmpanzer T-38 und T-40. Eigene, recht unbeholfene Entwicklungen in dieser Richtung waren in Verbindung mit der geplanten Landung in England, dem Unternehmen »Seelöwe«, erfolgt.

Im Dezember 1941 kam der erste T-34 zur Erprobung in die Kraftfahrversuchsstelle. Unter der Leitung von Baurat Dr. Ing. H. Knoppeck wurde er auf »Herz und Nieren« geprüft. Der Leiter der Kraftfahrversuchsstelle, Oberst Dipl. Ing. Esser, konnte dem T-34 in einem abschließenden Bericht nur die beste Einschätzung geben. Der Bericht gipfelte in der Forderung, diesen Panzer nachzubauen.

Umfangreich war die in den ersten Jahren des Feldzuges im Osten gemachte Geschützbeute. Ihre Zahl - es waren mehrere 1000 Kanonen und Haubitzen mit ausreichender Munitionsbevorratung, die innerhalb weniger Wochen erbeutet wurden - ließ die Wiederverwendung zweckmäßig erscheinen. Die große Schußweite einiger Modelle machte sie besonders für den Küstenschutz (Atlantikwall) geeignet. Schnellstmöglich wurden die Geschütze untersucht, Schußtafeln und Bedienungsanleitungen erarbeitet und das Material der Truppe zugeführt.

Neue Anforderungen an die Heeresversuchsstelle in Kummersdorf ergaben sich aus den besonderen geographischen und klimatischen Bedingungen des östlichen Kriegsschauplatzes. Deshalb kamen im Winter 1942/43 und 1943/44 besondere Versuchskommandos in Mogiljew zum Einsatz.

Die moderne Ausstattung der Heeresversuchsstelle gestattete es aber auch, entsprechende Bedingungen zu simulieren. Bereits 1942 waren umfangreiche Versuche mit der 10,5-cm leichten Feldhaubitze 18 und der 7,5-cm-Panzerabwehrkanone 40 durchgeführt worden. Untersucht hat man dabei auch verschiedene kälteresistente Fette und Öle.

Die Anlagen der Heeresversuchsstelle Kummersdorf hat das Heereswaffenamt im Zweiten Weltkrieg sehr oft für Waffenvorführungen vor hochrangigen Politikern und Militärs, z.T. aus dem Ausland, genutzt. Häufig war der Reichsminister für Rüstung und Kriegsproduktion, Albert Speer, in Kummersdorf. Regelmäßig wurden höhere Offiziere, die zu Sonderlehrgängen nach Berlin kommandiert waren, hier mit den neuesten deutschen Waffen- und Fahrzeugentwicklungen vertraut gemacht. Aufschluß darüber, welches Gerät man, zum

Angehörige der Technischen Versuchskompanie aus Kummersdorf bei einer Waffenvorführung an der Ostfront.

Teil im scharfen Schuß, vorgeführt hat, gibt ein Protokoll über Vorführwaffen, angefertigt anläßlich einer solchen Maßnahme im Juli 1943. Die Liste der Vorführwaffen reichte vom Gewehr 41 mit Zielfernrohr, über den 12-cm-Granatwerfer und die 10,5-cm-Stumhaubitze 42 bis zum Raupenschlepper Ost (R.S.O.) und dem Panzerkampfwagen VI »Tiger«.
Auf dem Gelände der Heeresversuchsstelle wurden außerdem zahlreiche Lehr- und Ausbildungsfilme im Auftrag des OKH bzw. OKW gedreht. Darüber liegen detaillierte Auskünfte ehemaliger Arbeiter, darunter von dem bereits zitierten Herrn Behnisch, vor.

Die im Verlaufe langer Versuchsreihen gewonnenen praktischen Erfahrungen beim Panzerdurchschlag sind vom Generalmajor a. D. Ing. Martinovsky in mehreren Fachbeiträgen in der Presse veröffentlicht worden.

Zur Ermittlung der Durchschlagleistung panzerbrechender Waffen mußten Platten von beachtlicher Dicke mit unterschiedlichem Neigungswinkel angeordnet werden.

Die Anfangsgeschwindigkeit von Geschossen ist nach einem genau vorgeschriebenen Plan ermittelt worden. Gut zu erkennen ist hier, daß Geschützrohr und die im Gittermast eingehängte Spule einen Winkel bilden.

Wintererprobung der 5-cm-Panzerabwehrkanone 38.

Die 7,5-cm-Feldkanone 38 wurde nach gründlicher Erprobung als einführungsreif erklärt. Von der Fotografischen Abteilung sind die für die technischen Druckvorschriften erforderlichen Fotos angefertigt worden (BA).

Willi Klär, der von 1922 bis 1945 als Schlosser in der Artilleriewerkstatt des Schießplatzes gearbeitet hat, vor einer 10,5-cm-leichten-Feldhaubitze 18.

Die von der Eisenbahntruppe auf dem Schumkasee bei Sperenberg erprobten Brücken und Auffahrrampen sind zunächst im Modell vorgestellt worden.

Modellbauer vor ihrem Werk. Sperenberg 1942.

Die Brückenkonstruktion sind auch im Modell bis auf das kleinste Detail durchgebildet worden.

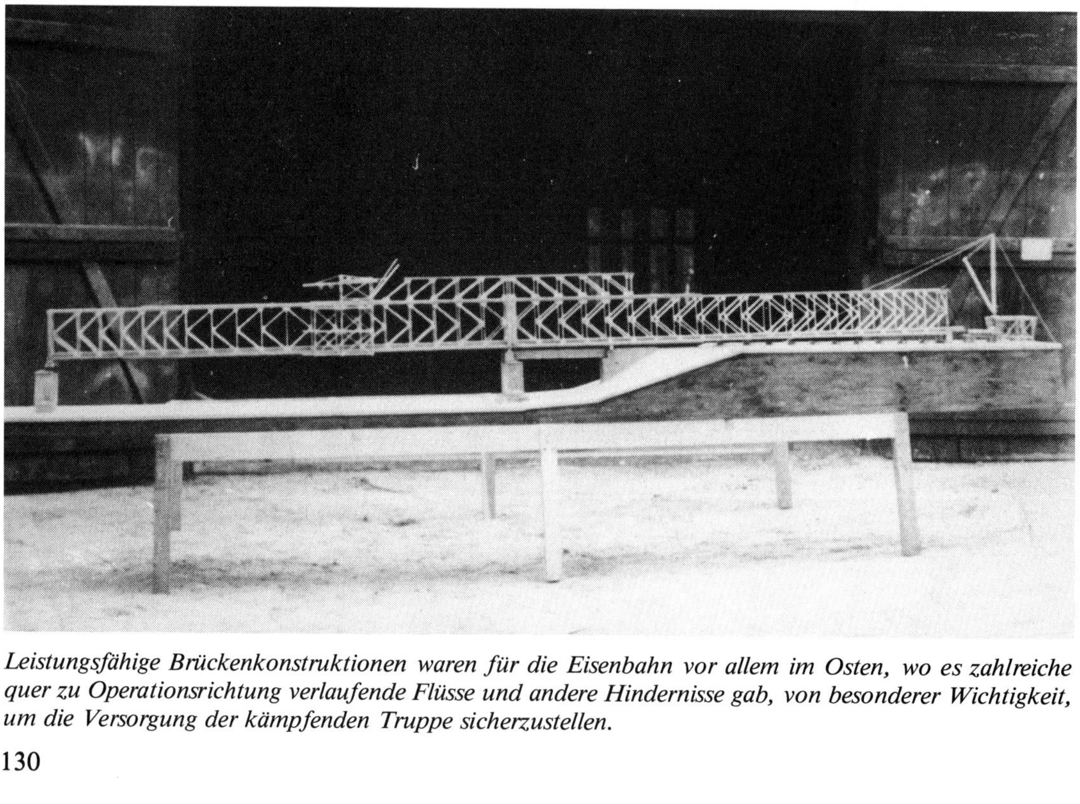

Leistungsfähige Brückenkonstruktionen waren für die Eisenbahn vor allem im Osten, wo es zahlreiche quer zu Operationsrichtung verlaufende Flüsse und andere Hindernisse gab, von besonderer Wichtigkeit, um die Versorgung der kämpfenden Truppe sicherzustellen.

Reste der Brückenpfeiler im Schumkasee. Aufnahme aus dem Jahr 1994.

Bei einer Versuchsfahrt auf einem provisorisch verlegten Gleis umgekippte Feldbahnlokomitive.

Neue Waffen im Test

Die Panzer- und Panzerjägertruppe hatte im Kriegsverlauf eine entscheidende Bedeutung erhalten. In diesem Bereich vollzog sich die Modernisierung der vorhandenen Bewaffnung und Ausrüstung mit besonderer Schnelligkeit und mündete in eine neue Generation von Panzerfahrzeugen mit leistungsfähiger Bewaffnung.

Der Zeitdruck beeinflußte natürlich die Art und Weise der Waffen- und Geräteerprobung nachhaltig. Das blieb nicht ohne Auswirkungen auf die Einsatzfähigkeit der Waffen und Fahrzeuge. So verzichtete man bei dem Panzerkampfwagen V »Panther« (Sd.Kfz. 171) fast gänzlich auf eine gründliche Erprobung durch das Heereswaffenamt/WaPrüf 6. Die in den Entwicklungsfirmen durchgeführte Erprobung reichte nicht aus, um die vielen im Truppendienst auftretenden Mängel zu erkennen, geschweige denn zu beseitigen. Ein Kommando der Kraftfahrversuchsstelle Kummersdorf wurde auf den Truppenübungsplatz Grafenwöhr verlegt, um dort zeitgleich mit der Ausbildung an dem neuen Panzer Erfahrungen in der Nutzung zu sammeln und auszuwerten. Auch das reichte natürlich nicht aus. Im Verlauf der Angriffsoperation »Zitadelle« Anfang Juli 1943 im Kursker Bogen, wo erstmals eine nennenswerte Anzahl »Panther«-Kampfwagen zum Einsatz kam, fielen folgerichtig dann auch zahlreiche Wagen wegen technischer Mängel aus, mußten aufgegeben werden und gerieten in russische Hände. Die Erprobung der neuen Panzerkampfwagen »Panther« und »Tiger« und anderer Waffen und Fahrzeuge ist immer mehr »im Nachlauf« realisiert worden. Das war eine wesentliche Ursache für die fortlaufenden Änderungen an den Fahrzeugen, welche die ohnehin belastete Instandsetzungskapazität der Truppe stärker als gewöhnlich in Anspruch nahm. Die Abkehr von den bewährten Methoden der Entwicklung und Erprobung neuer Waffen war durch den Kriegsverlauf erzwungen. Die Truppe benötigte schnellstmöglich neues und modernes Kriegsgerät, um die an allen Fronten wirksamer in Erscheinung tretende Rüstung der Staaten der Anti-Hitlerkoalition zu kompensieren. Außerdem mußten die eigenen, erheblichen Verluste ausgeglichen werden.

Solche Entwicklungen erreichten in den letzten Kriegsjahren eine neue Qualität. Sie waren vor allem dadurch gekennzeichnet, daß Waffen,

Ein Panzerkampfwagen VK 4501 (H) ist während einer Erprobungsfahrt mit einem technischen Schaden liegengeblieben. Angehörige der Panzerwerkstatt der Kraftfahrversuchsstelle bergen das Fahrzeug. Aufnahme vom Herbst 1942.

Auf dem Gelände zwischen der Schießbahn Ost und West ist im Krieg die Erprobung ferngelenkter Sprengstoffträger erfolgt. Im Bild der schweren Ladungsträger B IV (Sd.Kfz. 301) Ausf. B und der leichte Ladungsträger (Sd.Kfz. 303) (V-Motor) »Goliath«. Aufnahme aus dem Jahr 1943.

Versuchsmuster eines leichten Ladungsträgers. Das Fragment ist in den 80er Jahren in der Nähe der Versuchsstelle West gefunden worden.

Vorführung eines leichten Ladungsträgers (Sd.Kfz. 302) (E-Motor) »Goliath« auf der Schießbahn Ost.

Angehörige der Technischen Versuchskompanie sind im Winter 1942/43 dabei, die Waffen des Panzerkampfwagen VK 1303 (später Panzerkampfwagen II, Sd.Kfz. 123) Ausf. L bei extrem niedrigen Temperaturen auf ihre Funktionssicherheit hin zu prüfen. Diese Arbeiten liefen in der Zuständigkeit des Heereswaffenamtes/WaPrw 2.

Versuchsschießen mit der 10,5-cm-leichten-Feldhaubitze 18 M (= Mündungsbremse).

Gegenüberstellung der Kartuschhülse 6 342 aus (Stahl) und (Messing) für die 10,5-cm-leichte-Feldhaubitze. Stahlhülsen gab es mit Naht oder als Wickelhülsen.

Fahrzeuge und Geräte zunehmend auf der Grundlage von Absprachen zwischen dem Reichsministerium für Rüstung und Kriegsproduktion und der Rüstungsindustrie sowie der besonderen Billigung Hitlers entstanden. Der große Zeitdruck, unter dem derartige Vorhaben realisiert wurden, schränkte die Möglichkeiten der Einflußnahme durch das Heereswaffenamt ein. Ein typisches Beispiel einer solchen Entwicklung ist der Jagdpanzer 38 »Hetzer«, der ab Juni 1944 ausgeliefert wurde. In Kummersdorf hat die Verskraft dann zwischen August 1944 und Februar 1945 insgesamt 18 Versuchsaufträge für dieses Fahrzeug realisiert, um Mängel zu beheben und notwendige Verbesserungen durchführen zu können.

Für die Erprobung neuer, wirksamer Panzerabwehrwaffen für die Infanterie, wie sie 1943 mit dem Raketenwerfer 43, der Raketenpanzerbüchse 43 (später 54 »Panzerschreck«) und der Faustpatrone von der Industrie vorgelegt wurden, hat WaPrüf 2 in der Nähe des Sprenggartens Adlerhorst einen eigenen Panzerplatten-Schießstand erhalten.

Kennzeichnend für die Versuchstätigkeit in Kummersdorf in den letzten Kriegsjahren war das Bemühen, in vielfältiger Weise Ersatzstoffe und vereinfachte technologische Lösungen für die Rüstungsproduktion nutzbar zu machen. Im Munitionsbereich ergaben sich für die Einsparung von Nichteisenmetallen oder deren Einsatz ebenso wie für andere Materialien folgende Umstellungen:

1. Infanteriehülsen aus Stahl statt aus Messing
2. Artilleriehülsen aus Stahl statt aus Messing
3. Geschoßführungsbänder aus Sinter- und Weicheisen statt aus Kupfer
4. Zünder aus Kunstharz statt aus Messing oder Aluminium
5. Infanteriegeschosse aus Sintereisen statt aus Blei mit Stahlmantel
6. Drallkappen für Gewehrgranaten aus Kunststoff statt aus Aluminium
7. Artilleriegeschosse aus Splitterbeton mit Drahtgeflecht, ebensolche für Granatwerfer usw.

Natürlich war die kurzfristige Einführung von qualitativ minderwertigen Ersatzstoffen problematisch und gelang erst nach langwierigen Versuchsserien zufriedenstellend. Der Munitionseinsatz nahm dabei einen erheblichen Umfang an. Teilweise widerspiegeln Fundstücke, so 15-cm-Granaten mit Betonmantel, den komplizierten Charakter dieser Versuche. Um die in einer Krise steckende Panzerabwehr wie-

Zu den neuen Panzerabwehrwaffen, die in der Mitte des Krieges zur Erprobung nach Kummersdorf kamen, gehörte der 8,8-cm-Raketenwerfer 43.

Leistungsfähiges Standardgeschütz der Panzerjägertruppe des Heeres wurde die 7,5-cm-Panzerjägerkanone 40 L/46, deren Erprobung im Winter 1941/42 durchgeführt worden war.

Ein Geräteverwaltungsunteroffizier für Infanterie- und Artilleriegerät führt auf einer Nebenbatterie des Schießplatzes eine in Tunesien erbeutete Panzerabwehrwaffe »Bazooka« vor. Diese Waffe stand Pate für die deutsche Raketenpanzerbüchse 54.

Treibspiegelgeschoß mit Treibscheibe und Stützring. Fundstück vom Schießplatz Kummersdorf aus den 80er Jahren.

der auf die Höhe ihrer Aufgaben zu bringen und dabei der komplizierter werdenden Rüstungssituation zu entsprechen, wurden neue Panzerabwehrkanonen, sogenannte Panzerwurfkanonen, getestet. WaPrüf führte Versuche mit Jagdpanzern durch, die rücklauflose Kanonen hatten.

Es gab aber noch andere Probleme. So klagte die Truppe 1944 über eine steigende Zahl von Rohrkrepierern beim 8-cm-Granatwerfer 34, ein Ergebnis des sinkenden Niveaus bei der Wurfgranatenproduktion. Um die exakte Ursache ermitteln und abstellen zu können, mußten in Kummersdorf aufwendige Versuchsschießen durchgeführt werden, bei denen es zu Unfällen kam. Charakteristisch für die im Gegensatz zu früheren Jahren, mangelhafte Qualität neuer Waffenentwicklungen wurde die Ende 1944 anlaufende Erprobung eines 21-cm-Granatwerfers. Seine Entwicklung war zustande gekommen, um den Ausfall der Fertigung an Geschützen auszugleichen und bei gleicher Geschoßmasse Pulver einzusparen. Innerhalb von sechs Wochen wurde der Werfer vom Reißbrett bis zur Serienproduktion gebracht. Bei Beschußversuchen in Kummersdorf im November und Dezember 1944 zeigte sich, daß die

Der Bedarf des Heeres an einfachen und robusten Zugmitteln für schwere Infanteriewaffen und Geschütze der Feldartillerie stieg im Kriegsverlauf. In Kummersdorf sind als alternative Lösungen Rad- und Kettenradschlepper erprobt worden. Im Bild der Raupenschlepper Ost (R.S.O.).

Als ein Fahrzeug von überzeugender Leistungsfähigkeit erwies sich der leichte Pkw Typ K2s (4x4) Volkswagen Typ 166, hier auf der Fahrbahn mit 55% Steigung.

bis zu 110 kg schweren Wurfgranaten mit der V. und VI. Ladung nur aus voller Deckung verschossen werden konnten. Trat die Bedienung nach dem Abschuß aus dem Unterstand, fand sie in der Regel nur noch die rauchenden Trümmer des Werfers vor. Trotz fehlender Rohrsicherheit gab man die Granatwerfer auf Befehl Hitlers zur Fronterprobung an Volksartilleriekorps ab. In Kummersdorf wurden zahlreiche 21-cm-Wurfgranaten unterschiedlicher Konstruktionen gefunden. Das hatte einen guten Grund: Der hohe Scheitelpunkt der Flugbahn und der große Fallwinkel ergaben in der Regel beträchtliche Einschlagtiefen.

Willy Kohl, der 1945/46 mehrere Berichte über die Arbeit der Heeresversuchsstelle Kummersdorf für sowjetische Behörden verfaßt hat, gibt in einer dieser Arbeiten an, welche Versuche in der Zeit vor dem Kriegsende durchgeführt wurden. Erprobt wurden:

1. Das Volkssturmgewehr
2. Das Maschinengewehr 43 (vermutlich 45)
3. Das 2-cm-Langgeschoß (Röchling) mit Flügelstabilisierung und Treibspiegel
4. Eine ungarische Waffe mit höchster Schußfolge
5. Schalldämpfer
6. 6,5-cm-Hohlladungsgranaten

Weiterhin genannt werden müssen Versuche mit Handgranaten aus dem Sprengstoff Nipolit, aus Pappe, Glas und Beton (Volkshandgranate 45). Ein früherer Mitarbeiter beim Munitionsbergungsdienst Potsdam, Wendelin Gott, erwähnte in einem Bericht die Erprobung selbstfahrender Sprengstoffträger »Goliath« mit Funklenkung und Kippzündern. Weiterhin sollen Schäferhunde mit Sprengladungen und Kippzündern, sogenannte »Minenhunde«, versuchsweise zur Panzerbekämpfung eingesetzt worden sein. Zum letzteren gab es ein Vorbild in der Roten Armee.

In der zweiten Hälfte des Jahres 1944 kamen die beiden Prototypen des Panzerkampfwagens »Maus« (Porsche 205) nach dem endgültigen Zusammenbau von Fahrgestell und Turm bei der F. Krupp zur weiteren Erprobung an die Heeresversuchsstelle für Panzer und Motorisierung. Mehrere Kraftfahrer wurden mit der Fahrerprobung betraut: Behnisch, Hantschik und Zebitz. Als die Kriegsereignisse näher an Kummersdorf heranrückten, ließ man in der Verskraft auch die beiden »Mäuse« für den Einsatz vorbereiten. Sie wurden in Richtung Wünsdorf gefahren, an der Kreuzung der heutigen Fernverkehrsstraße 96 in Richtung Töpchin blieb eine »Maus« mit einem Antriebsschaden liegen. Sie ist kurze Zeit später von der Roten Armee unzerstört erbeutet worden. Der zweite Panzerkampfwagen konnte einige Kilometer weiter gesprengt werden.

Wie sehr Engpässe in der Rüstungsindustrie mit zunehmender Kriegsdauer die Qualität der Waffen, Ausrüstungen und Munition beeinflußten, zeigen eine Reihe von Versuchen, die Ende 1944 und im Frühjahr 1945 realisiert werden mußten. Neben den Handgranaten aus Beton und Glas waren das Minen aus Preßstoff, Lastkraftwagen mit sogenannten Einheitsfahrerhäusern aus Holz und Pappe und dem Raupenschlepper Ost mit aufgebauter 7,5-cm-Pak 40 L/46.

Zu dieser Zeit war die Auswertung erbeuteten Kriegsmaterials in Kummersdorf rückläufig. Die Wehrmacht war an allen Fronten auf dem Rückzug. Nur noch selten boten sich Gelegenheiten, erbeutetes Kriegsmaterial nach Deutschland abzutransportieren. Damit schränkten sich die Möglichkeiten Entwicklungstendenzen in der Bewaffnung und Ausrüstung der Streitkräfte der Anti-Hitlerkoalition zu erkennen und darauf zu reagieren, erheblich ein. Die Auswertung der im September 1943 in Italien gemachten Beute bot wenig Neues, zog sich aber trotzdem bis 1944 hin. Modernes Kriegsmaterial, wie die sowjetische 100-mm-Panzerabwehrkanone, die beschädigt von der 10. Panzergrenadierdivision erbeutet worden war, traf selten ein. Sie wurde mit einem Schreiben vom 25. März 1945 nach Hillersleben überwiesen (Schußweite 20.000 m).

Der Reichsminister für Rüstung und Kriegsproduktion, Albert Speer, ließ es sich nicht nehmen, neuentwickelte Fahrzeuge selbst zu testen; hier mit dem Kettenkrad.

Fahrversuche mit dem neuen Sturmgeschütz III mit verstärkter Frontpanzerung und langer 7,5-cm-Sturmkanone. Die Kopflastigkeit der Fahrzeuge hatte stärkere Verschleißerscheinungen am Fahrwerk zur Folge.

Das Sturmgeschütz III (Sd.Kfz. 142/1) Ausf. G hat das Kletterhindernis auf der Prüfstrecke überwunden.

Zu den Versuchsprogrammen für Fahrzeuge und Geschütze gehörte es auch, die zweckmäßigsten Möglichkeiten ihrer Instandsetzung zu ermitteln.

Das leichte Kettenkrad NSU Hk-101 (Sd.Kfz. 2) am Kletterhindernis. Es besaß drei unterschiedlich hohe Stufen (400, 600 und 800 mm), die durch eingesetzte Balken noch vergrößert werden konnten.

Vertreter aus der Politik des Dritten Reiches, hohe Militärs und Gäste aus den mit Deutschland verbündeten Staaten kamen zu Vorführungen neuentwickelter Waffen und Fahrzeuge nach Kummersdorf. Im Bild der VW-Schwimmwagen.

Goebbels, Speer und andere Größen beobachten den Angriff von Schlachtfliegern, die mit neuen Raketen ein auf dem Schießplatz aufgestelltes Zielfeld angreifen. Aufnahme aus dem Jahr 1943.

Versuche mit dem Panzerkampfwagen V (Sd.Kfz. 171) »Panther« Ausführung G in den Schlagebergen bei Horstwalde. Aufnahme vom Herbst 1943 (BA).

In 10 Monaten des Jahres 1943 führte die »Verskraft« insgesamt 30 Versuchsaufträge in Vollkettenfahrzeugen durch. Davon entfiel ein erheblicher Anteil auf den »Panther«, dessen anfällige Antriebsanlage im Einsatz viel Ärger bereitete.

Spillversuche mit einem Panzerkampfwagen V (Sd.Kfz. 171) »Panther« Ausf. D in den Schlagebergen (BA).

Für Fahrten auf öffentlichen Straßen mußte die Kraftfahrversuchsstelle Nummernschilder an den Kampfwagen anbringen.

Steigungs- und Walzversuche mit einem Panzerkampfwagen VI (Sd.Kfz. 181) »Tiger«.

Die immer länger werdenden Rohre der Kampfwagenkanonen bereitete wie hier beim »Tiger« aus fahrtechnischer Sicht einige Probleme. Auch dazu sind spezielle Untersuchungen angestellt worden.

Vergleichserprobung zwischen deutschen und amerikanischen Panzerfahrzeugen. Bei solchen Gelegenheiten weilte natürlich auch die Presse in Kummersdorf. Das im Jahr 1943 erreichte Leistungsniveau im deutschen Panzerbau sollte der Öffentlichkeit nicht verheimlicht werden (BA).

Ein »Panther« und ein M-3 »Lee« am Steilhang. Amerikanische Panzer kamen als Beute aus Sowjetrußland, aus Nordafrika und Italien, 1944 dann aus Nordwestfrankreich (BA).

Spillversuche mit dem 70 Tonnen schweren Panzerkampfwagen VI (Sd.Kfz. 182) »Tiger« II (BA).

Aus Nordafrika, von der 1./Panzerabteilung 501 kam der amerikanische Panzer M 4 A 1 »Sherman« nach Kummersdorf. Die Panzerdicken sind mit der Angabe des entsprechenden Neigungswinkels weiß aufschabloniert (BA).

Dasselbe Fahrzeug auf der Prüfstrecke (im Hintergrund ein M 3 »Lee«). Die mit Gummipolstern versehenen Ketten der »Amerikaner« zeigten sich nicht von der besten Seite. Bei einer Messung der Steigfähigkeit in losem Sand schaffte der Panzer die Steigung nicht mehr und rutschte ab; in einem anderen Fall riß die Kette.

Versuche mit leichten Schützenpanzerwagen D7p (Sd.Kfz. 250) auf der Waldrundbahn der Kraftfahrversuchsstelle.

In Kummersdorf sind während des Krieges verschiedene Lehrfilme gedreht worden. Der bekannteste dürfte der Film »Männer gegen Panzer« sein, der 1943 entstand. Viele Aufnahmen, die in der Wochenschau zu sehen waren, kamen nicht von der Front, sondern aus diesem kleinen märkischen Ort. Im Bild ein »Goliath« im Angriff auf eine russische Selbstfahrlafette SU-85.

Versuchsschießen mit dem Gewehr 43 in Norwegen.

Für Maschinenwaffen sind in längeren Versuchsreihen kälteresistente Waffenöle untersucht worden. Aufnahme von einem Außenkommando in Norwegen 1943.

Die amerikanische »Bazooka« hieß in den ersten Auswertungsberichten noch Panzerbüchse »Stanley« -hier bei einer Vorführung in Kummersdorf.

Als wesentlich leistungsfähigerer Ableger der »Bazooka« kam die 8,8-cm-Raketenpanzerbüchse 54 auf das Versuchsgelände in der Nähe des Forsthauses Adlerhorst bei Kummersdorf.

Der Geschoßfangkorb des Panzerplattenstandes auf der Schießbahn am Forsthaus Adlerhorst. Die von Wällen umgebene 165 m lange Bahn diente vor allem der Erprobung der Panzerfaust und der Raketenpanzerbüchse.

Versuch der Rekonstruktion der Schießbahn am Forsthaus Adlerhorst. Zur Anlage noch Sicherheitsstände, ein Meldekopf, Munitionsbunker und betonierte Garagen für Lastkraftwagen.

Unbekannte Versuchsanlage von der Nebenbatterie West. Aufnahme aus dem Jahr 1945.

Sprengtrichter sind nach Tiefe und Durchmesser genau vermessen worden.

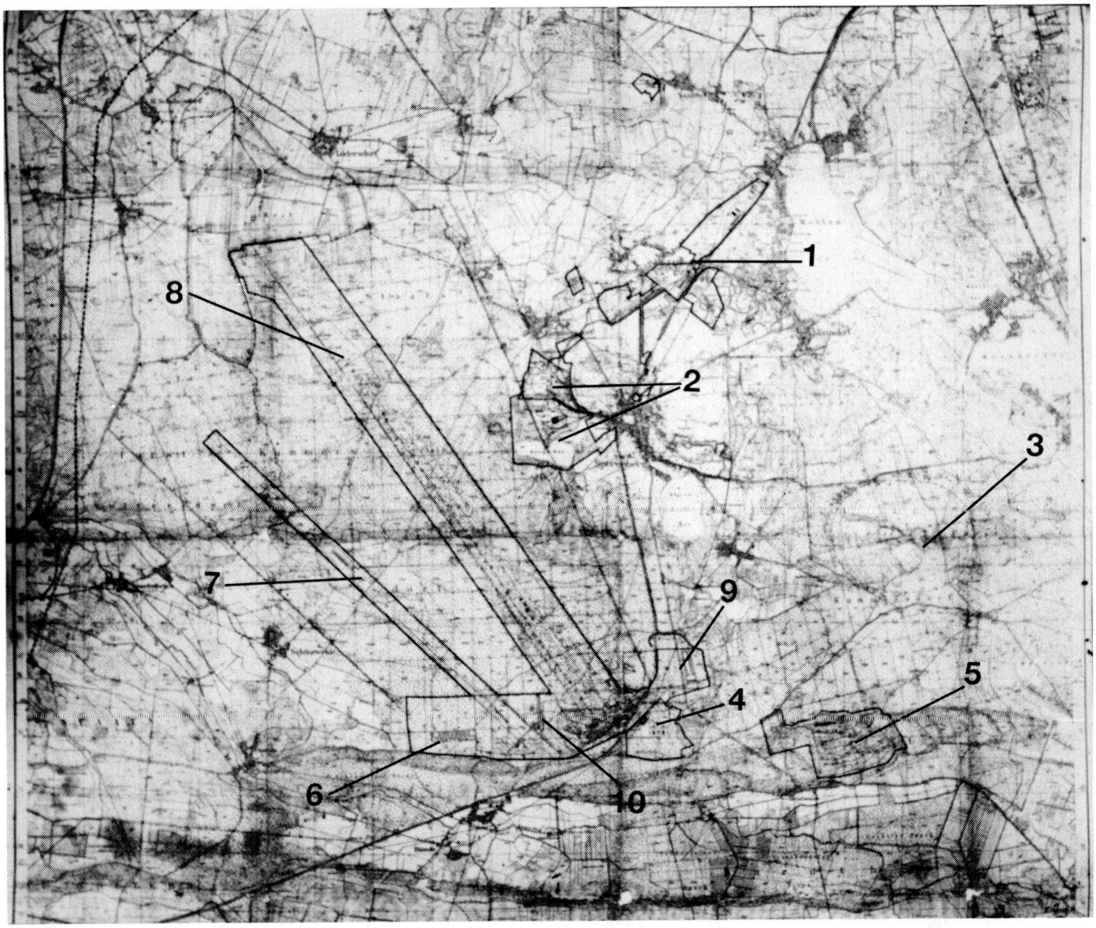

Die Heeresversuchsstelle Kummersdorf im Zweiten Weltkrieg.
1. *Eisenbahn- und Pionierversuchsgelände in Rehagen-Klausdorf.*
2. *Eisenbahnversuchsgelände am Schumkasee bei Sperenberg.*
3. *Sprenggarten und Schießbahn in der Nähe des Forsthauses Adlerhorst.*
4. *Die neue Kraftfahrversuchsstelle an der Straße nach Schönefeld.*
5. *Versuchsgelände der Kraftfahrversuchsstelle in Schlageberg bei Horstwalde.*
6. *Versuchsanlage des Heereswaffenamtes/WaPrw 1 (Munition und Ballistik).*
7. *Schießbahn West.*
8. *Schießbahn Ost.*
9. *Heeresarbeitersiedlung Kummersdorf.*
10. *Versuchsstelle West.*

Zwischen Kummersdorf-Schießplatz und der Gemeinde Schönefeld unterhielt das Heereswaffenamt/ WaPrw 1 (Munition und Ballistik) ein mit zahlreichen und sehr unterschiedlichen Bunkern versehenes Prüffeld für Versuche mit Treibladungen, Spreng- und Brandmitteln sowie zur Lagerung von Munition.

Prüfstand für Brandversuche. Jede Anlage war durch einen unterirdischen Verbindungsgang mit dem auf der anderen Seite eines Schutzwalles gelegenen Munitionshauses verbunden. Eine andere Reihe von Munitionshäusern besaß einen unterirdischen Eisenbahnanschluß für Be- und Entladearbeiten.

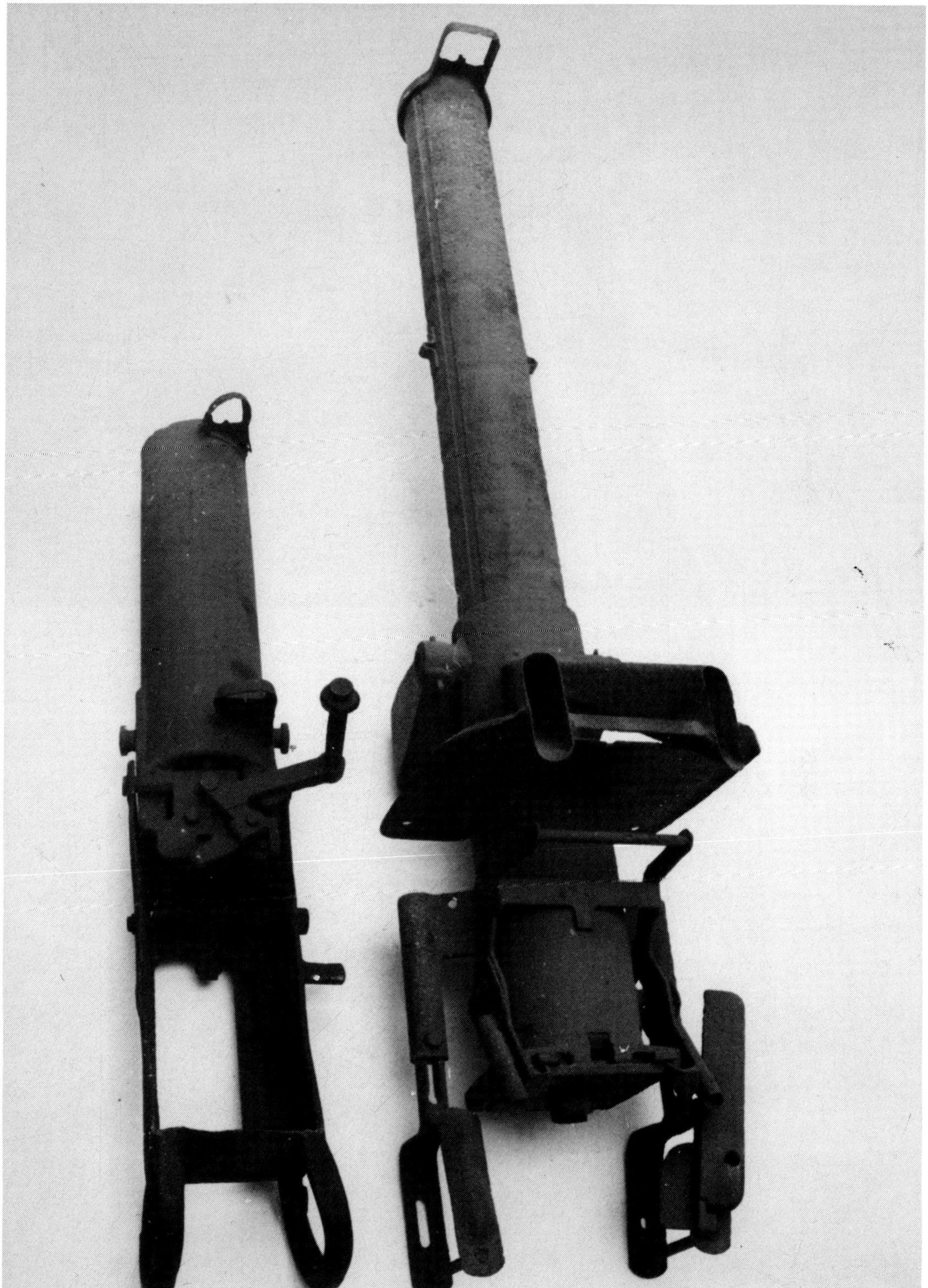

Zwei Versuchsmuster von Raketenpanzerbüchsen, die beide von hinten geladen werden mußten. Fundstücke aus Kummersdorf aus den 70er Jahren.

Das 7,5-cm-leichte-Infanteriegeschütz 37 war eine Übergangslösung, die unter Verwendung überzähliger Lafetten der 3,7-cm-Panzerabwehrkanone L/45 entstanden ist. Die Erprobung solcher Waffen ist im Kriegsverlauf in ihrem zeitlichen Ablauf sehr stark gekürzt worden.

1944/45 liefen die Versuche, um aus der 7,5-cm-Panzerjägerkanone 40 L/46 eine normale Feldkanone zu entwickeln. Die leichten Abteilungen der Feldartillerieregimenter sollten damit bewaffnet werden, um wirksamer in der Panzerabwehr zur Geltung gebracht zu werden.

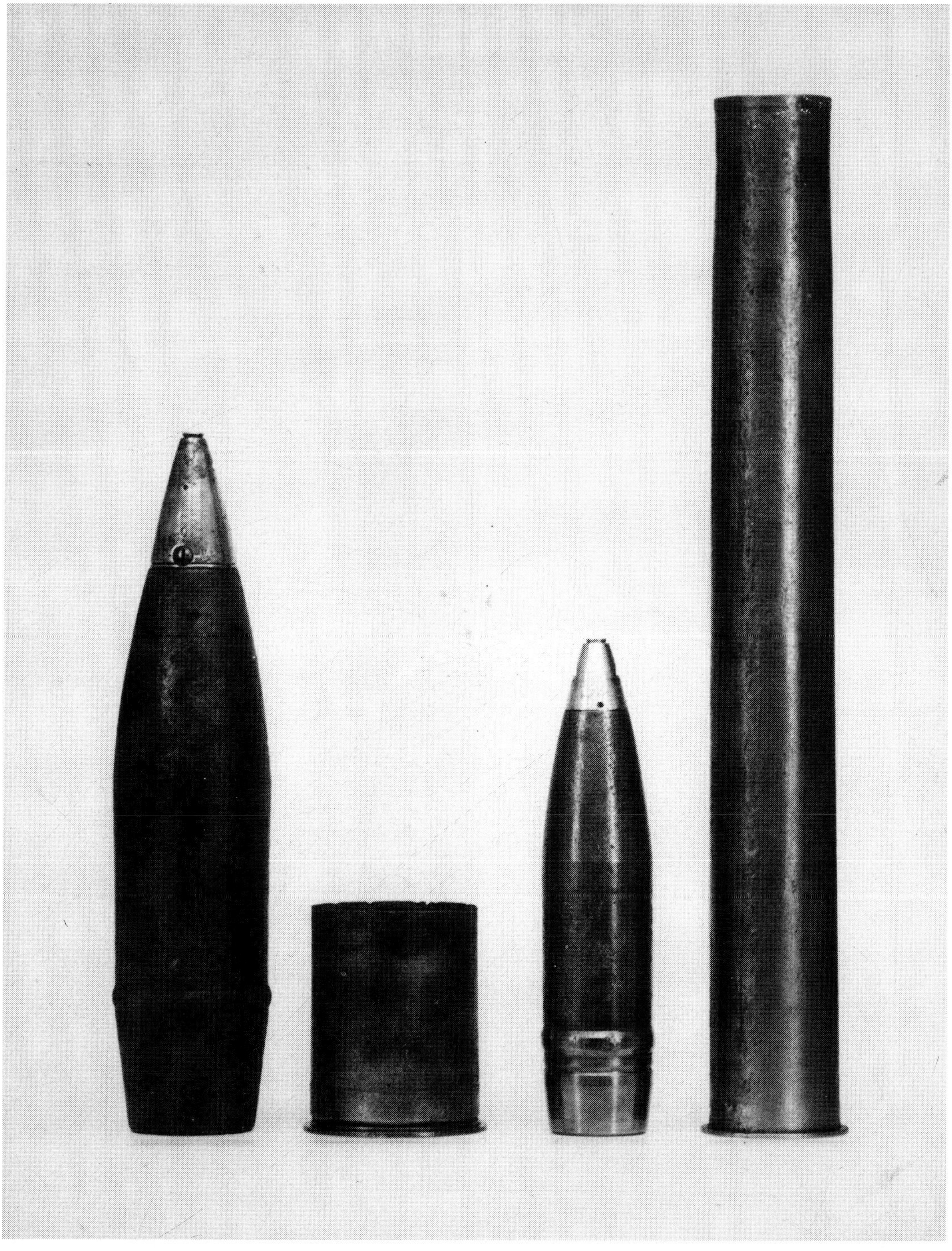

Die Gegenüberstellung der Munition für die 10,5-cm-leichte-Feldhaubitze und die 7,5-cm-Feldkanone 7 M 59 (vormals 7,5-cm-Panzerjägerkanone 40 L/46) zeigt eindeutig Vor- und Nachteile, die vom Heereswaffenamt auf dem Kummersdorfer Platz in langen Versuchsreihen ermittelt worden sind. Für die Haubitze sprach die große Geschoß- und Splittermasse und die dementsprechend hohe Anzahl wirksamer Splitter. Für die Kanone konnte die hohe Anfangsgeschwindigkeit der Granate, die Vorteile in der Panzerabwehr brachte, geltend gemacht werden.

Anlage 4

Versuchsanmeldung Nr. ________ Wa Prüf .... Berlin, den .... Verantwortlicher Versuchsleiter: .... App. ......

An die Kdtr. Hillersleben / Kummersdorf / Rügenwalde } Nichtzutreffendes durchstreichen

1 Benennung des Versuches	Feuerstellung Ort	Datum	Versuchszeit Beginn	Versuchszeit Ende	Absperrung (m) * von	Absperrung (m) * bis	Waffen und Artilleriegerät (Rohr- und Lafettennummern, Winkelmesser 35, Ziellinienprüfer usw.
a)							
b)							
c)							
d)							

*) unter besonderer Beachtung der Ziff. 26 der D 413/1. Freie Zonen angeben!

2 Teilnehmer Dienstgrad	Teilnehmer Name	Teilnehmer Dienststelle	Übernachtg. von	Übernachtg. bis	Abholung wo (Bahnhof)	Abholung wann (Tag, Uhrzeit)

3 Messungen:
Geschwindigkeitsmessungen mit
(Gitter — Spulen — Boulengé — Oszillograph — Vo-Meßkamera)
Meßstrecke m und m
Abstand des 1. Rahmens von Mündung m
oder voraussichtliche Vo m/s
Erhöhung von bis

Meßbeginn:
Meßdauer:

Sonstige Messungen: Gasdruckmessungen, Meßei (eingebaut oder lose), Stauchkörper, Fotografieren, Plattengröße, Plattenzahl, Anzahl der Abzüge, Lieferfrist, Zünderlaufzeitmessungen, Sprengpunktaufnahmen, Flugbahnaufnahmen, Leistungsmessungen, Strombedarf, Meßgeräte, Genauigkeitsmessungen.

4 Werkstatt: Anwesenheit — des Werkstättenleiters — des Waffenmeisters — Schlosser erforderlich.
Nachprüfung der Waffen:

5 U. K.: Anwesenheit des Dienststellenleiters — Feuerwerkers — Meßschlossers erforderlich.
Besondere Untersuchung:

Geräte:

6 Kraftfahrzeug- oder Schienenfahrzeuggestellung (Anzahl, Ort, Zeit, Benutzungsdauer, Zweck bzw. Wagengattung):

7 Personal für Waffenbedienung und Standbesatzung: (Geschützführer, Beobachtungstruppführer, Soldaten, Arbeiter)

Zu besetzende Stände:

Geräte-Anforderung, Aufbau der Feuerstellung und Maßnahmen am Ziel: (Optisches Gerät, Sicherheitskarren, Scheibenbau, Bandmaß, lg. Abzugsleine, Hand- und Taschenlampen, Scheinwerfer, Spaten, Bindfaden, Wiedersuchen verfeuerter Munition).

8 Fernsprechverbindungen von	Fernsprechverbindungen nach	Fernsprech- Apparate Anzahl	Fernsprech- Personal Anzahl	Fernsprech- Personal Ort

9 Messungen für den Beobachtungs-, Vermessungs- und Wetterdienst *):
a) Optischer Beobachtungs-, Feuerleit-, Richt- und Vermessungsdienst,
b) Schall- und Lichtmeßdienst (Bodentreffbilder Nr. mit Schallmessung, Treffpunkt m, Munitionsart),
c) Wetterdienst (Luftdruck — Temperatur — Gewicht — Wind, Boen — Art der Messung [Wetterwarte, Feuerstellung], Genauigkeit, Einfach- oder Doppelanschnitt, Meßhöhe, Wolkenhöhe und Sichtmessungen, Wettervorhersage, Wind- und Temperaturmessungen), Schallwettermessungen, Höhe, Ort.

*) Für Messungen zu c) in Rügenwalde und Peenemünde sind die Anforderungen an die Kdtr. Kummersdorf zu senden.

Verteiler	Versuchsdienst	Meßdienst	Werkstatt	U. K.	Kraftfahrzeugdienst	Platzdienst	Geschützhalle	Nachricht.-Dienst	a) Vers.-Abt. Prüf 8 b) Kdtr. Kdf.	Mun.-Anst.	Insgesamt
Anzahl der Abzüge......	1	2	1	1	1	2	1	1	2	1	13
betr. Ziffer	1 bis 9	1 u. 3	1 u. 4	1 u. 5	6	1 u. 7	1 u. 7	1, 7 u. 8	1 u. 9	1 u. Anl.	—
Anlagen (nach Bedarf) ..										4	

Unterschrift, Dienstgrad, Dienststellung

Muster 16

Für jedes Versuchsschießen mußte von der auftraggebenden Dienststelle ein solches Formular ausgefüllt und bei der Schießplatzkommandantur eingereicht werden.

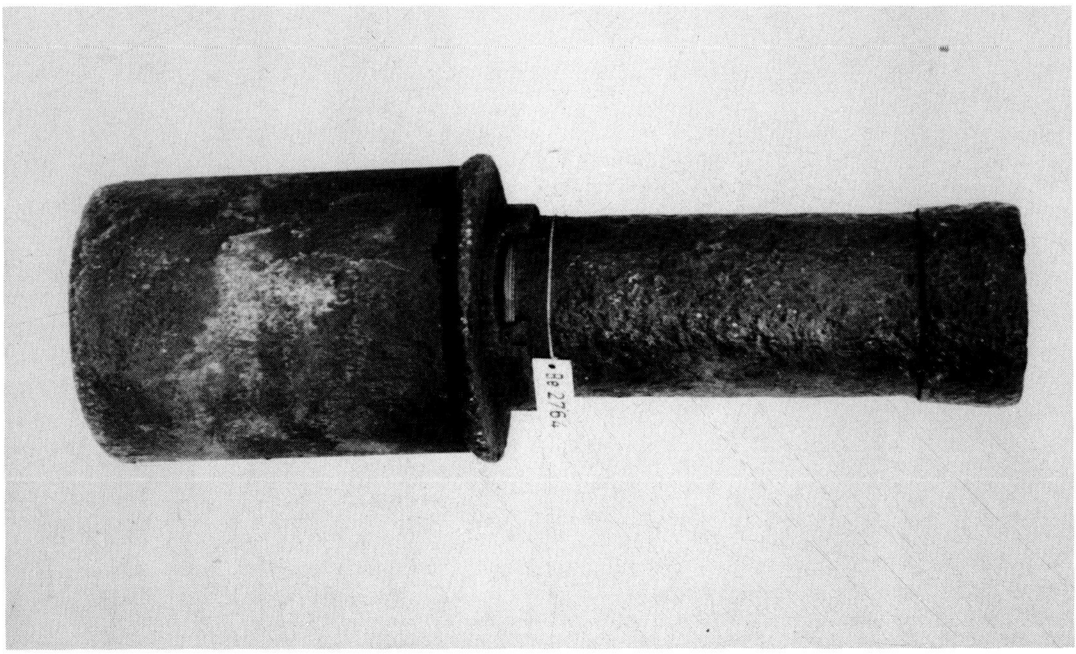

Versuchsmuster einer Schützenmine mit dem Triebwerk einer 7,3-cm-Raketensprenggranate. Fundstück vom Schießplatz Kummersdorf.

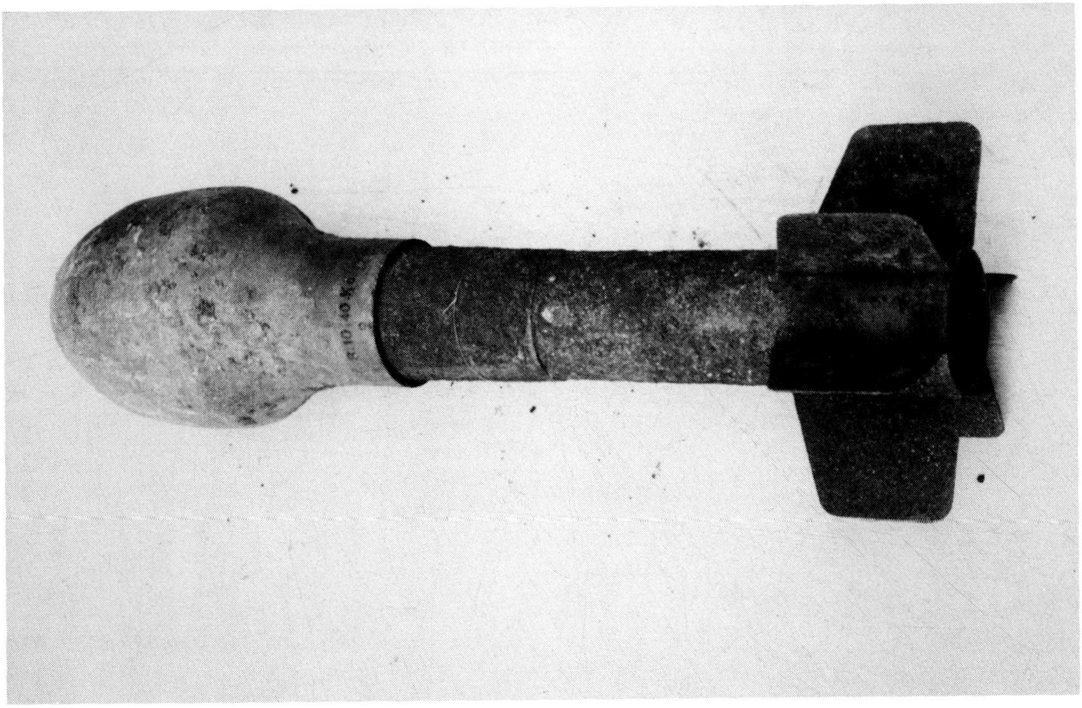

Wurfgranate für den leichten Ladungswerfer. Fundstück von der Nebenbatterie der Schießbahn Ost.

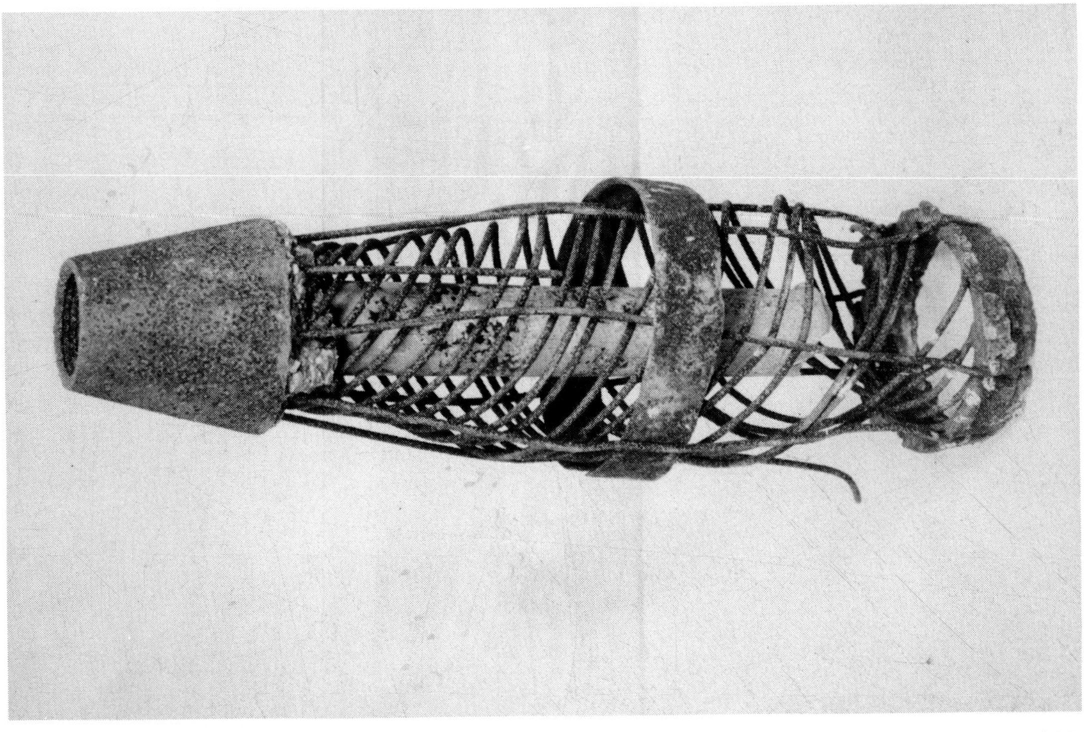

1944 lieferte die Preussag/Rüdersdorf Versuchsmuster von Splitterbetongranaten für die 10,5-cm- und 15-cm-Feldhaubitzen zur Erprobung nach Kummersdorf. Im Bild ein solches Geschoß im Kaliber 15 cm.

Ein 38-cm-Raketengeschoß mit einer Teerspatfüllung, versehen mit einem Zündererersatzstück. Fundstück vom Schießplatz Kummersdorf aus den 80er Jahren.

Der zunehmende Mangel an schweren Infanteriewaffen bei der Truppe führte zur Entwicklung von Splittergefechtsköpfen für die Panzerfaust und für die Raketenpanzerbüchse 54.

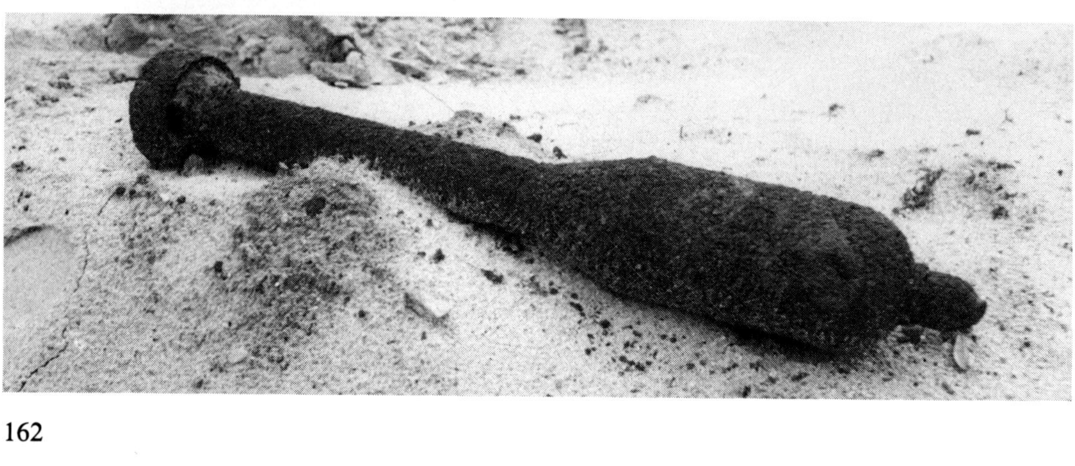

Im Kriegsverlauf war eine erhebliche Zunahme der Durchschlagsleistung bei panzerbrechenden Waffen zu verzeichnen. Werten von 38 mm zu Kriegsbeginn standen solche aus dem Jahr 1944 von über 200 mm gegenüber.

Im Krieg wurden wiederholt Wirkungsschießen auf erbeutete Panzerkampfwagen durchgeführt, wobei in Einzelfällen bis zu 100 Fahrzeuge beteiligt waren. Im Bild vernichtende Treffer bei einem englischen Infanteriepanzer A 12 »Mathilda« MK II.

Ein kleiner Gittermast auf der Schießbahn Ost. Aufnahme aus dem Jahr 1945.

Die Vielzahl der im Krieg anfallenden Versuchsaufträge zwang dazu, mitunter Tag und Nacht zu schießen. Im Bild Abschuß eines Geschützes vor dem großen Gittermast.

Einige ältere Geschütze sind im Krieg für ständig in Kummersdorf stationiert gewesen. Sie wurden bei der Erprobung neuer Hülsen oder neuer Geschoßformen genutzt.

Gelegentlich wurde noch dieses veraltete Verfahren zum Messen der Anfangsgeschwindigkeit der Geschosse verwendet. Der von den Arbeitern gerade in Position gebrachte Rahmen war mit Drähten bespannt, die durchschossen werden mußten.

Es gab genügend Anlässe, um die Splitterbildung er Artilleriemunition immer wieder aufs Neue zu überprüfen. Neue Stahllegierungen für die Geschosse, Ersatzstoffe, neue Zünder. Hier sind Feuerwerker dabei die Splittereinschläge zu markieren und zu zählen.

Kummersdorf-Schießplatz auf einer Luftaufnahme vom März 1945.
1. Neue Kraftfahrversuchsstelle.
2. Heeresarbeitersiedlung.
3. Lager der Technischen Versuchskompanie (TVK).
4. Beamtensiedlung.
5. Alte Kraftfahrversuchsstelle.
6. Bahnhof Kummersdorf-Schießplatz.

Für die leichten Zugkraftwagen, deren Fahrgestelle auch bei den in großer Zahl verwendeten Schützenpanzerwagen zur Verwendung kamen, sind während des Krieges Versuche unternommen worden, die Griffigkeit der Kettenpolster zu verbessern bzw. den Sparstoff Gummi durch andere Werkstoffe zu ersetzen.

Augenzeugen haben berichtet, daß zum Kriegsende in Kummersdorf eine besonders flache Form des hier gezeigten leichten Ladungsträgers erprobt worden ist. Die Sprengladung des Fahrzeuges sollte unter der Wanne eines abgestellten Panzers zum Zerknall gebracht werden. Dafür befand sich oben ein Kippzünder.

Die Beute vom russischen Kriegsschauplatz wurde immer seltener. Oft kamen die Fahrzeuge, wie diese Selbstfahrlafette SU-85 völlig ausgebrannt in Kummersdorf an.

Vorführung eines in Italien erbeuteten amerikanischen Lkw 0,75 t (4x4) Dodge T 214-WC-52. Solche Fahrzeuge kamen auch aus dem Osten; die Rote Armee erhielt sie im Rahmen des Pacht- und Leihabkommens aus den USA.

Ein Panzeroffizier berichtet Referenten der Inspektion 2 (Infanteriewaffen) über seine Erfahrungen mit der russischen 14,5-mm-Panzerbüchse PTRS.

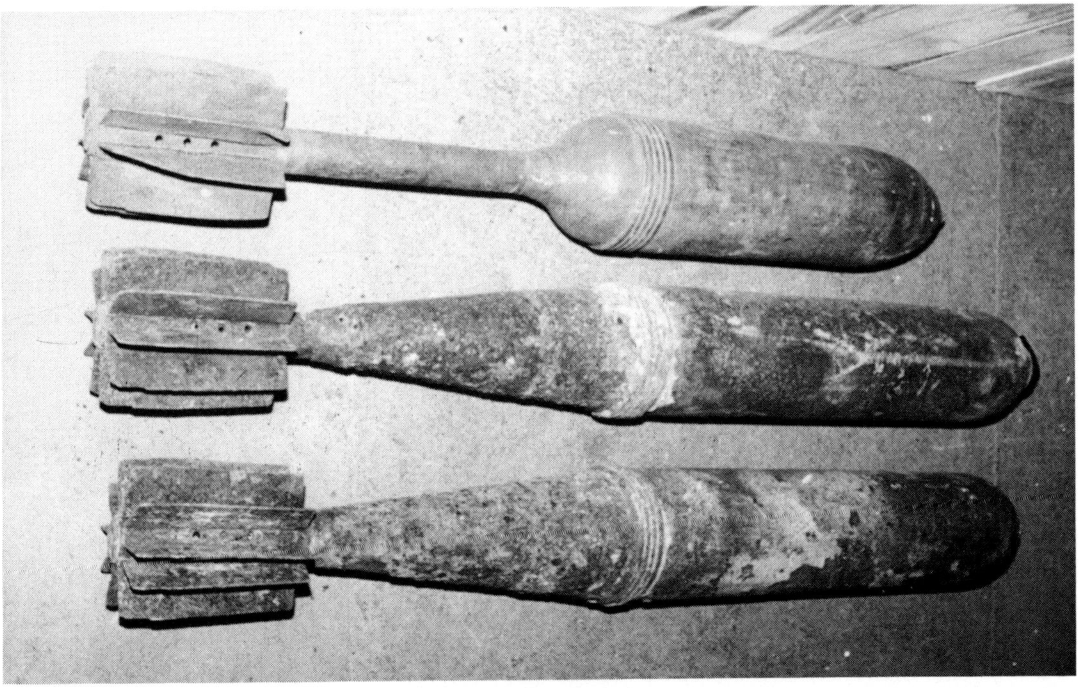

Für den 21-cm-Wurfmörser sind drei verschiedene Formen von Wurfgranaten erprobt worden. Um das schußtafelmäßig notwendige Gewicht zu erhalten, wurden die Geschosse auf dem Platz mit Sand gefüllt.

Die 21-cm-Wurfgranate 5021 war ein neuentwickeltes Splitterbetongeschoß und wog 85 kg. Den Aufbau der Geschoßwandung erkennt man an dieser abgesprengten Geschoßspitze sehr gut.

Die Erprobung des 21-cm-Wurfmörsers erfolgte unter erheblichem Zeitdruck und ist Ausdruck der Qualitätsminderung in der Versuchstätigkeit des Heereswaffenamtes im letzten Kriegsjahr.

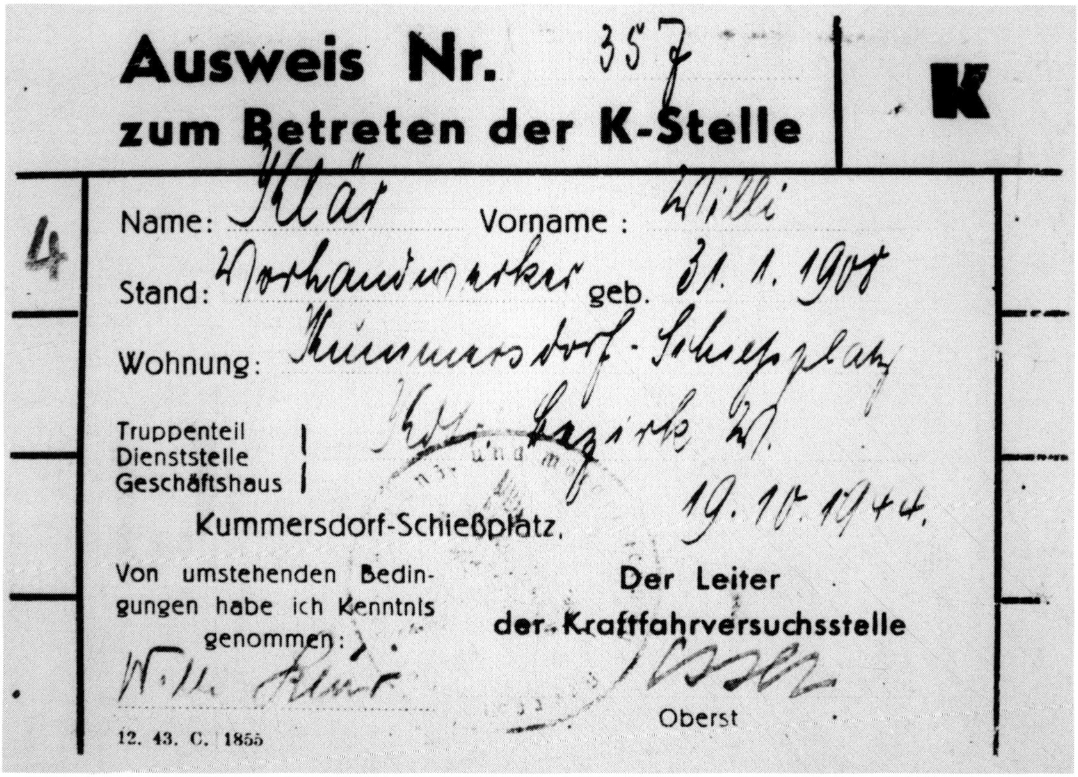

Ausweis Nr. 357

zum Betreten der K-Stelle

K

4

Name: Klär Vorname: Willi

Stand: Vorhandwerker geb. 31. 1. 1908

Wohnung: Kummersdorf-Schießplatz

Truppenteil
Dienststelle
Geschäftshaus

Kummersdorf-Schießplatz, 19. 10. 1944.

Von umstehenden Bedingungen habe ich Kenntnis genommen:

Willi Klär

Der Leiter der Kraftfahrversuchsstelle

Oberst

12. 43. C. 1855

Aus Geheimhaltungsgründen wurde das Betreten der einzelnen Bezirke der Heeresversuchsstelle Kummersdorf durch die Ausgabe spezieller Ausweise geregelt.

Am 16. Oktober 1944 sind auf dem Schießplatz Kummersdorf verschiedene neuentwickelte Flakpanzer und Flugabwehrkanonen vorgeführt worden.

In einem alten Gipsbruch in Sperenberg wurde die Heeresschule für Hunde- und Brieftaubendienst eingerichtet. Hier erfolgte die Ausbildung von Hunden und Hundeführern. Daneben sind Versuche mit den Tieren und dazugehörigen Fahrzeugen sowie Ausrüstungen durchgeführt worden. In diesem Zusammenhang bestanden zahlreiche Verbindungen nach Kummersdorf.
Im Frühjahr 1945 kam es hier zur Aufstellung einer mit Hunden beweglich gemachten Panzerjägerkompanie, die mit dem Raketenwerfer 43 und dem leichten Ladungsträger »Goliath« ausgerüstet war.

In der Ausbildung der Tiere nahm deren Gewöhnung an die Besonderheiten ihrer späteren militärischen Verwendung breiten Raum ein. Psychische und physische Belastungen wurden teilweise simuliert.

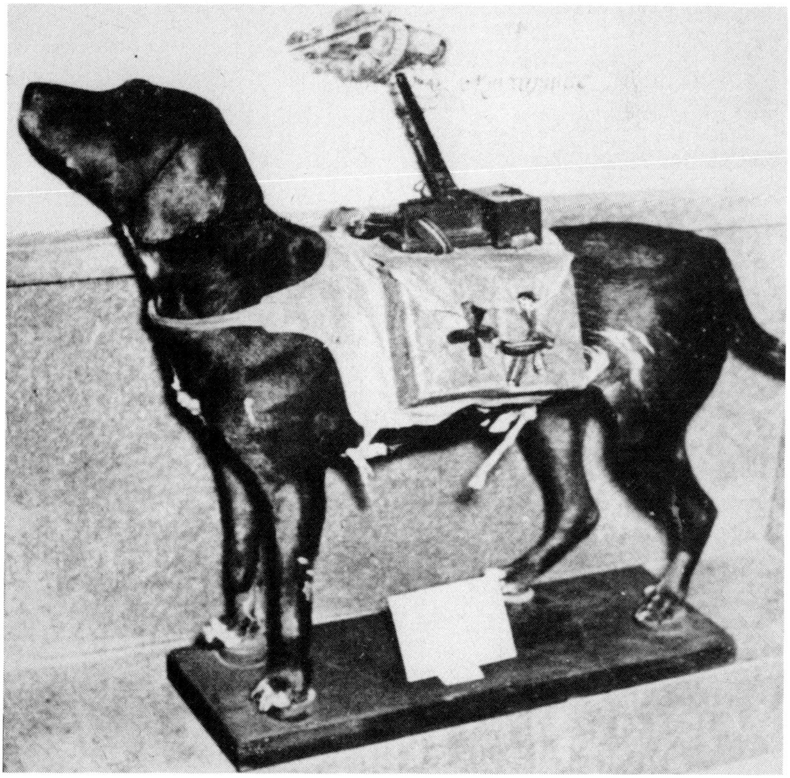

Nach dem Vorbild russischer Minenhunde - hier in einer Ausstellung im Zeughaus Berlin - wurden 1945 in Sperenberg Hunde für eine Verwendung zur Zerstörung von Panzerfahrzeugen abgerichtet.

Von der Heereshundeschule ist die Möglichkeit der Verwendung von Schäferhunden als Zugtiere für schwere Infanteriewaffen, Infanterieanhängern (If. 8), Krankentragenfahrgeräten und Boots-Akjas untersucht worden. Die Regel war, die Tiere im Dreigespann zu verwenden. Diese Aufnahme entstand vermutlich 1942 an der Straße zwischen Sperenberg und Neuhof.

Kummersdorf in der Optik der alliierten Luftaufklärung. Luftaufnahme vom 15. August 1944.

Das Kriegsende und danach

Interessant ist die weitere Entwicklung der Einwohnerzahl in Kummersdorf bis zum Kriegsende. Auch sie gibt einen gewissen Aufschluß über die Vielzahl der hier während des Krieges zu lösenden Aufgaben. 1945 hatten in Kummersdorf-Schießplatz, einschließlich der Bewohner in der Försterei, in dem Bahnhofsgebäude, der Eisenbahnersiedlung und in den Häusern in der Versuchsstelle West, 1122 Menschen einen festen Wohnsitz. Zusammen mit den Angehörigen der Technischen Versuchskompanie (TVK), das waren fast 1000 Mann, die in den Baracken des Waldlagers untergebracht waren, lebten zu dieser Zeit weit über 2000 Menschen hier. Hinzu kamen zahlreiche Kommandierte und Dienstreisende, die sich zum Teil länger im Bereich der Heeresversuchsstelle aufhalten mußten. Allein die Kraftfahrversuchsstelle, die 1944 in Heeresversuchsstelle für Panzer und Motorisierung umbenannt worden war, hatte im Januar 1945 einen Personalbestand von 680 Mann. Mit Wirkung vom 1. April 1945 wurde sie der Schule für Heeresmotorisierung in Wünsdorf angeschlossen. Diese Maßnahme sollte helfen, Personal einzusparen; wegen des baldigen Kriegsendes ergaben sich jedoch keine praktischen Auswirkungen.

Leiter der Heeresversuchsstelle war bis zum Kriegsende Oberst Dipl. Ing. Willi Esser. Esser trat als Autor der jährlich erstellten Auskunftsberichte »Die Panzerkampfwagen unserer Gegner« in Erscheinung. Sie basierten auf der in Kummersdorf vorgenommenen gründlichen Auswertung erbeuteter Panzerfahrzeuge. Das unterstreicht noch einmal die Bedeutung dieser Einrichtung.

Die Existenz eines weiträumigen Versuchsfeldes der deutschen Streitkräfte im Kummersdorfer Forst war den Alliierten seit der Tätigkeit der Interalliierten Kontrollkommission in den 20er Jahren bekannt. Trotzdem erfolgten im Verlaufe des Zweiten Weltkrieges keine direkten Luftangriffe auf die Anlage der Heeresversuchsstelle. Das wäre auch wenig sinnvoll gewesen. Vereinzelt sind Bomben abgeworfen worden, so auf das Gelände zwischen Schießbahn Ost und der Sperenberger Straße. Dabei dürfte es sich um Notabwürfe von Bombern gehandelt haben, deren eigentliches Angriffsziel die Reichshauptstadt Berlin gewesen ist. Von den Bewohnern in Kummersdorf-Schießplatz sind diese Abwürfe nicht bewußt wahrgenommen worden. Wen wundert es bei dem ständigen Artilleriefeuer auf den Haupt- und Nebenschießbahnen des Platzes.

Belegt sind zahlreiche Aufklärungsflüge der alliierten Luftstreitkräfte über dem Raum Horstwalde, Kummersdorf-Schießplatz und Sperenberg. Deutlicher in Erinnerung sind den Kummersdorfern die heftigen Angriffe anglo-amerikanischer Bomber auf Berlin, Dresden und Potsdam, deren Feuerschein blutrot am Himmel stand.

Im Frühjahr 1945 wurde Deutschland zum Kriegsschauplatz. In Kummersdorf, in den einzelnen Versuchsbezirken begann man angesichts der sich nahenden Front, wichtige Materialien und Unterlagen nach Sankt Johann/Tirol und die Panzertruppenschule nach Putlos/Schleswig-Holstein auszulagern. Viele Unterlagen von geringerer Bedeutung wurden vernichtet.

Weitere einschneidende Maßnahmen folgten, die eine Aufrechterhaltung des Versuchsbetriebes weitgehend lahmlegten. Anfang März 1945 wurde aus Teilen der Technischen Versuchskompanie (TVK) die Panzerabteilung »Kummersdorf« aufgestellt und an die Oderfront verlegt. Sie hatte eine gemischte Fahrzeugausstattung. Ein Teil der Panzerabteilung ging in der, mit Verfügung vom 5. März 1945 aufgestellten Panzerdivision »Müncheberg« auf.

Am 31. März 1945 erwähnte der Generalinspekteur der Panzertruppen im Verlaufe eines Vortrages im Führerhauptquartier die Aufstellung der Panzerkompanie »Kummersdorf« aus Teilen der Heeresversuchsstelle für Panzer und Motorisierung. Sie war in drei Panzerzüge (bedingt beweglich), einen Panzeraufklärungszug, einen Grenadierbegleitzug und einen Panzerzug (unbeweglich) gegliedert. Die Fahrzeuge wurden aus dem für Versuchszwecke in den Hallen stehenden Bestand genommen. Darunter ein Panzerkampfwagen VI »Tiger« II (Sd.Kfz. 182), ein »Jagdtiger«, zwei amerikanische »Sherman«-Panzer, ein italienischer Panzer P 40(i), mehrere schwere Ladungsträger B-IV mit Maschinengewehrbewaffnung und anderes mehr. Zumindest Teile der Panzerkompanie sollten gemäß eines Blitzfernschreibens vom 4. April 1945 in den Raum Schweinfurt verlegt werden. Die nichtbeweglichen Teile, darunter ein »Tiger«-Panzer mit Porscheturm, sind Ende April bei den Gefechten südöstlich von Kummersdorf-Schießplatz zum Einsatz gekommen. Über das ruhmlose Ende der beiden Panzerkampfwagen »Maus«

ist bereits schon an anderer Stelle berichtet worden.

Eine weitere Panzereinheit ist in Kummersdorf unter Einbeziehung der zivilen Kraftfahrer, darunter der bereits mehrfach zitierte Behnisch, zusammengestellt worden. Laut einer Notiz vom 21. April 1945 sollte diese Truppe im Rahmen der Kampfgruppe Kaether südlich von Zossen Verwendung finden. Mit insgesamt 42 Fahrzeugen, darunter wenigstens ein Panzerkampfwagen V »Panther«, setzte sie sich in Richtung Baruth in Bewegung. Aus Golssen vorrückende Truppen der 1. Ukrainischen Front mußten aufgehalten werden. In der Nähe von Baruth kam es zu einem Gefecht, in dessen Verlauf diese Einheit völlig aufgerieben wurde. Überlebende setzten sich teilweise bis Putlos ab (entsprechende Dienstaufträge waren bereits vor dem Einsatz ausgegeben worden!)

In Putlos befand sich Ende April Major Appenroth mit einem Teil der Heeresversuchsstelle inzwischen in britischer Gefangenschaft. Von den britischen Militärbehörden war er beauftragt worden, intaktes deutsches Kriegsmaterial sammeln zu lassen und die Pflege und Wartung durch deutsche Kriegsgefangene zu organisieren.

In Kummersdorf-Schießplatz stellte der Kampfkommandant aus den zurückgebliebenen Männern eine Volkssturmeinheit zusammen. Ihr Einsatz erfolgte an der Straße nach Horstwalde. Zu ihrer Verstärkung schleppte man einen in den Hallen der Verskraft mit Fahrzeugschäden zurückgebliebenen »Tiger« heran. Es kam zu einem kurzen Schußwechsel mit Soldaten der Roten Armee, in dessen Verlauf ein T-34 abgeschossen wurde. Kämpfe wurden auch im Gebiet der Heeresarbeitersiedlung registriert, wo 8,8-cm-Flugzeugabwehrkanonen weitere Panzer abschossen. Einige russische Panzer konnten von Volssturmleuten an der Straße von Schönefeld nach Gottow mit Panzerfäusten zerstört werden. Der ohnehin brüchige Verteidigungsriegel vor Kummersdorf löste sich auf. Im Gebiet der Siedlung kam es erneut zu kurzen Gefechten. Die Frauen und Kinder flüchteten in die Beobachtungsbunker auf den Schießbahnen.

Ohne größere Kampfhandlungen bestreiten zu müssen, besetzten Soldaten des 6. Gardepanzerkorps der Roten Armee nach dem 21. April 1945 Kummersdorf-Schießplatz und drangen weiter in Richtung Zossen vor.

Am 26. und 27. April 1945 brachten russische Soldaten in der Siedlung und um den Bahnhof Kummersdorf-Schießplatz herum in größerer Zahl Geschütze in Stellung. Ihre Rohre zeigten nach Osten, wo Einheiten der 9. Armee unter General Busse aus dem Kessel bei Halbe ausgebrochen waren und sich in Richtung Westen bewegten. In der Nacht vom 29. zum 30. April 1945 erreichen die abgekämpften Reste der 9.

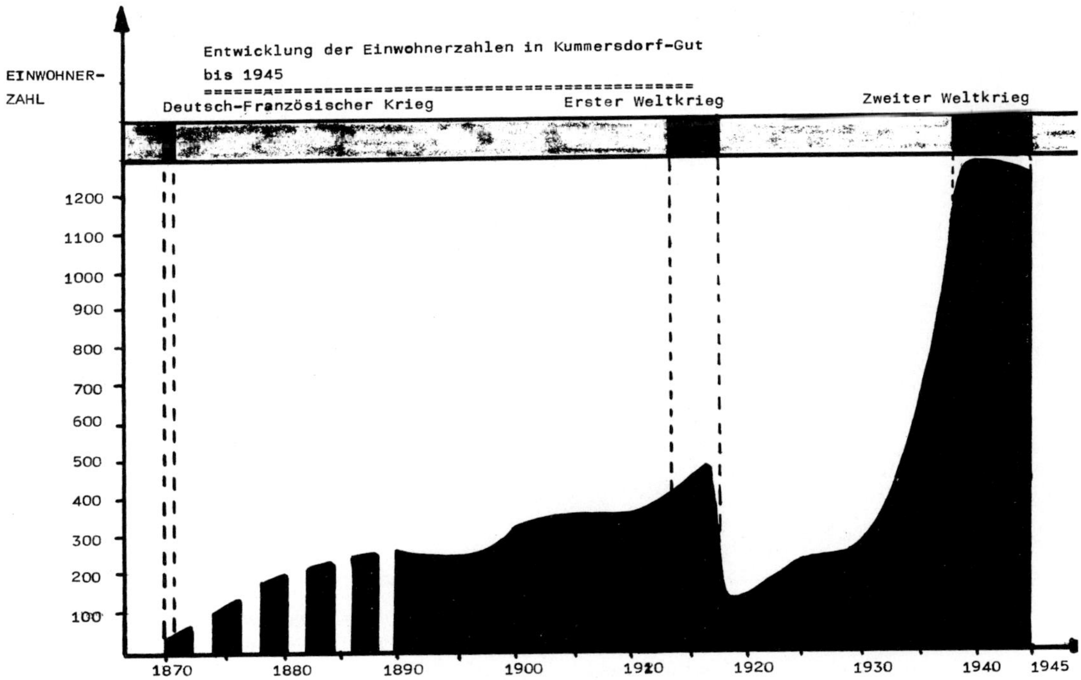

Die Kraftfahrversuchsstelle, welche ab 1944 Heeresversuchsstelle für Panzer und Motorisierung hieß, wurde ab 1. April 1945 der Schule für Heeresmotorisierung angeschlossen. Praktische Auswirkungen ergaben sich jedoch für beide Einrichtungen wegen des baldigen Kriegsendes nicht mehr.

Teile der Heeresversuchsstelle sind im Frühjahr 1945, teilweise im Kfz-Marsch in die Außenstelle nach Sankt Johann in Tirol verlegt worden. Rudolf Harnisch, im Krieg als Offizier in Kummersdorf, hat diese Begebenheit in dem Roman »Hochzeit in Tirol« verarbeitet.

Die beiden Prototypen des 189 Tonnen schweren Panzerkampfwagens »Maus« befanden sich bei Kriegsende 1945 zur Erprobung in der Heeresversuchsstelle für Panzer und Motorisierung in Kummersdorf. Ein kurz vor dem Einmarsch der Roten Armee in Richtung Zossen angesetzter Kampfeinsatz endete kläglich.

Der gesprengte Panzerkampfwagen »Maus« im Frühjahr 1945 in der Nähe von Kummersdorf.

7GR 72D

Der gesamte Komplex des Versuchsgeländes Kummersdorf-Schießplatz, Sperenberg und Rehagen-Klausdorf auf einer alliierten Luftaufnahme vom 22. März 1945.

Armee den Artillerieschießplatz Kummersdorf. Am Bahnhof Kummersdorf mußte ein russischer Verteidigungsriegel überwunden werden; die Deutschen brachen hier ohne Rücksicht auf Verluste durch. Am Morgen des 30. April rollten die letzten »Tiger«-Panzer, gefolgt von Fahrzeugen aller Art, über die Schießbahn. Soldaten, Flüchtlinge, alles durcheinander. Für den Transport der Verwundeten nutzte man die Wagen der Schießplatzbahn. Nachfolgende Ausbruchsgruppen mußten sich erneut gegen die nachdrängenden Russen behaupten, dabei soll es zu Gefechten mit Angehörigen des Nationalkomitees Freies Deutschland gekommen sein, die in deutschen Uniformen auftraten. Die restlichen Wehrmachtseinheiten zogen sich entlang der »Schießplatzbahn« in Richtung Westen zurück. In und um Kummersdorf herum lagen über 2000 Leichen, die zunächst in Massengräbern bestattet wurden. Straßen und Plätze sowie Schießplatz waren übersät mit zerstörtem, ausgebranntem Kriegsgerät.
Der Frieden begann in Kummersdorf-Schießplatz mit Aufräumarbeiten. Die zahlreichen teils noch aus dem Versuchsbetrieb stammenden Restbestände an Munition, Sprengstoff und Treibladungspulver mußten beseitigt werden. Im August 1945 ließ eine gewaltige Detonation das umliegende Land erbeben. Feuerwerker der Roten Armee hatten in den Versuchsanlagen der Abteilung WaPrüf 1 (Ballistik und Munition) dort gesammeltes brisantes Material gesprengt. Betonbrocken und Splitter flogen bis in die Gemeinde Schönfeld, südwestlich von Kummersdorf-Schießplatz.
Alles, was mit der Heeresversuchsstelle Kummersdorf in Verbindung gebracht werden konnte, weckte natürlich das Interesse der russischen Besatzungsbehörde. Das noch in der Umgebung ansässige deutsche Personal wurde ausfindig gemacht und mußte mehrfach detaillierte Auskunftsberichte erstellen. Noch im Sommer 1945 begann die Demontage von Anlagen der ehemaligen Heeresversuchsstelle. Im Rahmen von Reparationsleistungen hat man u.a. fast alle Anlagen der Feldeisenbahn (600 mm Spurweite) und der Schießplatzbahn (750 mm Spurweite) demontiert. Bereits im Juni des Jahres konnte die Demontage des Kraftwerkes abgeschlossen werden.

Andere Gebäude, wie das Barackenlager der TVK und die Anlagen der Sprenggärten, wurden von der Bevölkerung der umliegenden Ortschaften demontiert, um Baumaterial zu gewinnen. Ende der 40er Jahre arbeitete dann die »Brandenburgische Beräumungs-AG« auf dem Kummersdorfer Gelände, um gemäß den Bestimmungen des Potsdamer Abkommens militärische Anlagen zu zerstören. Fast vollständig hat man im Zuge dieser Arbeiten Panzerkuppeln, Panzerstände und sonstige Armierungen von Zielgruppen auf den Schießplätzen demontiert. Ebenso Panzertüren von Munitionshäusern, Einfassungen von Plattenständen, Gestelle, Meßanlagen und weiteres Material. Allerdings sind die Sprengungen der Beobachtungsbunker, Meßstände und Geschoßfangkörbe nur unvollständig ausgeführt worden. Gleiches gilt für die Beseitigung der Munition, eine Aufgabe, die heute noch den Munitionsbergungsdienst des Landes Brandenburg beschäftigt.

Fliegerkräfte der sowjetischen Besatzungstruppen nutzten das Gelände der Schießbahnen zunächst als Zielflächen für Bombenabwürfe. Nach Auskünften von Bewohnern ist in einem Fall sogar die Siedlung Kummersdorf-Schießplatz mit Bomben belegt worden. Vorliegende Luftaufnahme aus dem Jahr 1953 zeigt, daß Bombenabwürfe recht weitflächig erfolgten und erst später auf zwei aus Sand aufgeschüttete Zielkreise im Bereich 4000-6000 m vor der O-Linie der ehemaligen Hauptbatterie konzentriert wurden.

Damit endet die Geschichte der Heeresversuchsstelle Kummersdorf-Schießplatz; es beginnt die Geschichte von Kummersdorf-Gut, deren Bezeichnung vom ehemaligen Heeresgutsbezirk Kummersdorf abgeleitet wurde.

Seite 184/185

Alliierte Luftaufnahme vom 22. März 1945. Sie zeigt das Gelände der Heeresversuchsstelle für Panzer und Motorisierung aus einer Höhe von 7300 m. Gut zu erkennen ist gegenüber früheren Aufnahmen, daß sich die Zahl der Fahrzeuge auf dem »Verskraft«-Gelände deutlich verringert hatte. Seit Anfang des Krieges war Gerät und Personal zur Aufstellung verschiedener Panzereinheiten abgezogen worden. Der Versuchsbetrieb kam fast völlig zum Erliegen.

Noch im Sommer 1945 begann die Demontage von Versuchsanlagen im Auftrag der russischen Besatzungsbehörden. Waffen und Fahrzeuge wurden zum Teil verschrottet.

Die Gleisanlagen, das rollende Material und die Ausrüstungen der schießplatzeigenen 750-mm-Bahn, wie auch das 600-mm-Schmalspurnetzes sind als Reparationsleistungen demontiert worden. Im Bild der Triebwagen der Schießplatzbahn in einer Aufnahme aus den Kriegsjahren.

Noch in den 40er Jahren wurde begonnen, große Munitionsmengen auszubrennen und den so gewonnenen Munitionsschrott wirtschaftlich zu verwerten.

Es war eine mühsame Arbeit, die zahlreichen auf dem Schießplatz verbliebenen Panzerbeschußplatten wie auch Panzerkuppeln und andere Teile in transportierbare Teile zu zerlegen. Aufnahme vom Schießplatz Kummersdorf aus dem Jahr 1949.

Bei Räumungsarbeiten wurde dieser Raketenwerfer 43 gefunden. Erinnerungsfoto von der Schießbahn, Ende der 60er Jahre.

Die großen Mengen der in Kummersdorf lagernden Panzerfaustrohre sind beim Wiederaufbau für Dachkonstruktionen verwendet worden.

Das Erbe jahrzehntelanger Nutzung des Kummersdorfer Forstes als militärisches Erprobungsgelände -Munition aller Formen und Kaliber und...

...in großen Mengen. Im Bild: 15- und 21-cm-Granaten.

Der weithin sichtbare Stahlgitterturm an der Straße zwischen Kummersdorf-Gut und Schönfeld. Hier arbeiteten bis 1945 die Meteorologen des Schießplatzes, welche mit der möglichst genauen Ermittlung der Witterungsverhältnisse einen wichtigen Beitrag zur Vorbereitung der Versuchsschießen zu leisten hatten.

Stahlbetonziel auf der Schießbahn West. Aufnahme aus dem Jahr 1987.

Ausschnitt aus der Zielgruppe auf der Schießbahn West.

Überreste des großen Panzerstandes aus den 80er Jahren des 19. Jahrhunderts auf der Schießbahn Ost.

Ein mit Teer gefülltes Stahlbetonziel auf der Schießbahn West.

Überreste ehemaliger Munitionshäuser. Aufnahme aus dem Jahr 1993.

Betonfundament zur Befestigung von Schießgestellen auf der Nebenbatterie West.

Der ehemalige Pulverraketenprüfstand auf dem Gelände der Versuchsstelle West. Aufnahme aus dem Jahr 1986.

Die Stahlbetonziele zeigen deutliche Spuren eines heftigen Beschusses mit betonbrechender Munition.

Bereits in den 50er Jahren wurden die Anlagen der ehemaligen Heeresversuchsstelle für Panzer und Motorisierung in den Schlagebergen bei Horstwalde für die Erprobung des geländegängigen Pkw 0,75 t (4x4) P 2 M und andere Neukonstruktionen der ostdeutschen Kraftfahrzeugindustrie genutzt.

Der geländegängige Lkw 1,8 t (4x4) LO 1 801 A ist ab 1967 im VEB Robur-Werk Zittau hergestellt worden. Seine Erprobung auf dem Versuchsgelände in Horstwalde war in den darauffolgenden Jahren schon in der Zuständigkeit des Militärtechnischen Institutes der ehemaligen NVA erfolgt. Im Bild Versuche auf der Steigungsbahn.

Versuchsausführung des geländegängigen Lkw 5 t (6x6) G 5 in der Fahrerprobung. Das Projekt wurde zugunsten des russischen »Ural« aufgegeben.

Bis zum 23. April 1994 war Kummersdorf-Gut Standort für die 64. Autobrigade der sowjetischen Truppen in Deutschland. Für die Fahrschulausbildung waren Teile der Schießbahn Ost genutzt worden. Zeitweise hatte zu den hier stationierten Einheiten auch eine Raketenabteilung gehört.

Der Krieg gehört in das Museum: Diese über 30 Tonnen schwere Panzerkuppel wurde im Sommer 1990 vom Militärhistorischen Museum Dresden in Zusammenarbeit mit dem Munitionsbergungsdienst des Landes Brandenburg auf der Schießbahn Ost in Kummersdorf geborgen und...

...nach Dresden transportiert. Dort ist sie wieder zusammengesetzt worden. Sie gehört zu den interessanten Sachzeugen zur Entwicklung der Militärtechnik im ausgehenden 19. Jahrhundert.

Quellen und Literaturverzeichnis (Auswahl)

Militärisches Zwischenarchiv Potsdam:
WF 10/2533, WF 03/23083, WF 02/4370, WF 02/7076, WF 10/2532, WF 03/34897 u.a.
D 50/8a und andere Kennblätter fremden Geräts

D 407/1 Vorschrift für das Schießen und Sprengen auf dem Versuchsplatz. Berlin 1943
Friedensstärkenachweisung des Heeres, Heft 20. Versuchs-Kommandanturen und Versuchseinheiten des Heereswaffenamtes, Berlin 1939
Arbeitsordnung (A.C.) für die Arbeiter der kgl. Depotverwaltung

Postbuch der Inspektion für Waffen und Gerät, Kummersdorf 1927

Schriftliche und mündliche Auskunftsberichte von Frau Garisch-Kulmbach und den Herren Brachmüller, Behnisch, F., Behrend, Gärtner, V., Gehrke, Geissen, H., Gott, W., Klär, W., Kohl, W., Kuschinski, H., Weise, H.J., Wohlauf, H., u.a.

Adammeit, K., Fiedler, K.: Orts- und Gemeindechronik Kummersdorf-Gut, ehemals Kummersdorf-Schießplatz, Kummersdorf-Gut o. J.

Badstein, H.: Heeresversuchsstelle Kummersdorf und ihre Feuerwerker in: Mitteilungen für Mitglieder des BDF u. We.V., Wilhelmshaven 1991

Bleyerhoeffer: Die schwere Artillerie des Feldheeres (Fußartillerie), Berlin 1905

Dornberger, W.: V-2 Der Schuß ins Weltall, Esslingen 1952

Dressel, J./Griehl, M.: Die deutschen Raketenflugzeuge 1935-1945, Augsburg 1994

Frobenius, H.: Geschichte der preußischen Ingenieur- und Pionierkorps von der Mitte des 19. Jahrhundert bis zum Jahr 1886, Berlin 1906

Macksey: Guderian, der Panzergeneral, Düsseldorf und Wien 1976

Mummenhoff, von: Die modernen Geschütze der Fußartillerie, Leipzig 1907

Schardin, H.: Über die Entwicklung der Hohlladung in: Wehrtechnische Monatshefte, 1954 Darmstadt

Schoen, E.: Die Geschichte des Deutschen Feuerwerkswesens der Armee, Marine mit Einschluß des Zeugwesens, Berlin 1936

Schwarte, M.: Technik des Kriegswesens, Leipzig 1913

Spielberger, W.J.: Die Panzerkampfwagen 35(t) und 38(t) und ihre Abarten, einschließlich der teschechoslowakischen Heeresmotorisierung, Stuttgart 1990

Tiecke, W.: Das Ende zwischen Oder und Elbe - Der Kampf um Berlin 1945, Stuttgart 1992

Pilop, M.: Die Befreiung der Lausitz, Bautzen 1995

Es ist ruhiger geworden in und um Kummersdorf. Blick in die ehemalige Heeresarbeitersiedlung.

Neu bei PODZUN-PALLAS

KRÄDER IM EINSATZ 1934-1945

Militärkräder in Reichswehr und Wehrmacht
Requirierte Kräder · Beutekräder
Kräder der alliierten Streitmächte
Horst Hinrichsen

Als Folgeband zu dem Buch »Kräder der Wehrmacht« stellt dieser Bildband eine weitere Dokumentation über den Einsatz der vielen Kradfahrer mit ihren unterschiedlichen Krädern zwischen 1934 und 1945 dar.
Neben Einsatzaufnahmen mit herkömmlichen Wehrmachtskrädern enthält er eine Fülle von Fotos mit requirierten Maschinen. Ohne den Einsatz dieser zivilen Motorräder wäre das Kradmeldersystem im Laufe des Zweiten Weltkrieges nicht möglich gewesen. Zu den Beutekrädern zählen insbesondere Maschinen von Terrot, Rene Gillet und Gnome et Rhone. Letztlich vermittelt das Buch einen interessanten Einblick über den Einsatz von Krädern ehemaliger Kriegsgegner. Neben den allgemein bekannten Solo- und Beiwagengespannen von FN, Indian Chief, Harley Davidson, BSA, Norton u. a. sind es hier insbesondere die superleichten Kräder der englischen und amerikanischen Luftlandetruppe. Fliegender Floh, Welbike oder Cushman seien hier als Beispiele genannt.
Zwei weitere Themen werden ausführlich dargelegt: die Kradheizung, die in die schweren Wehrmachtsmaschinen von BMW und Zündapp eingebaut wurde und der Schutzmantel für Kradfahrer und Beifahrer - der sogenannte Kradmantel.

200 Seiten · Großformat · 316 Abb. 49,80 DM

SANITÄTSDIENST DES HEERES 1939-1945

Organisation - Ausrüstung - Einsätze
Alex Buchner

Die Angehörigen des Sanitätsdienstes - Ärzte, Dienstgrade, Krankenträger und Sankafahrer - standen nie im Licht spektakulärer Erfolge und großer Siege.
Ihnen galten Vertrauen, Zuversicht und Dank aller verwundeter Soldaten. Die Männer mit dem Äskulapstab und den Rotkreuz-Armbinden taten alles, was sie konnten, um zu helfen, - und sie halfen bis zur eigenen Erschöpfung, wo sie konnten.

176 Seiten · 150 Abb. · Großformat 49,80 DM

PARADEN DER WEHRMACHT

Berlin 1934-1940
Horst Scheibert

Paraden der Wehrmacht waren in der damaligen Zeit Höhepunkte der Demonstration von Macht und Stärke und zeigten Waffen, Gerät und Uniform der beteiligten Truppenteile in Hochglanz.
Diese Paraden fanden in den Jahren des Aufbaus der Wehrmacht statt und zeigen vorrangig frühere Ausführungen - darunter auch Prototypen - insbesondere bei der Panzertruppe.

Pappb. · 80 S. · 80 Abb. 39,80 DM